农民培训精品系列教材

培育壮大新型农业经营主体带头人

梁锦莲 刘 健 王永辉 刘明成 姚 力 龙 艳 主编

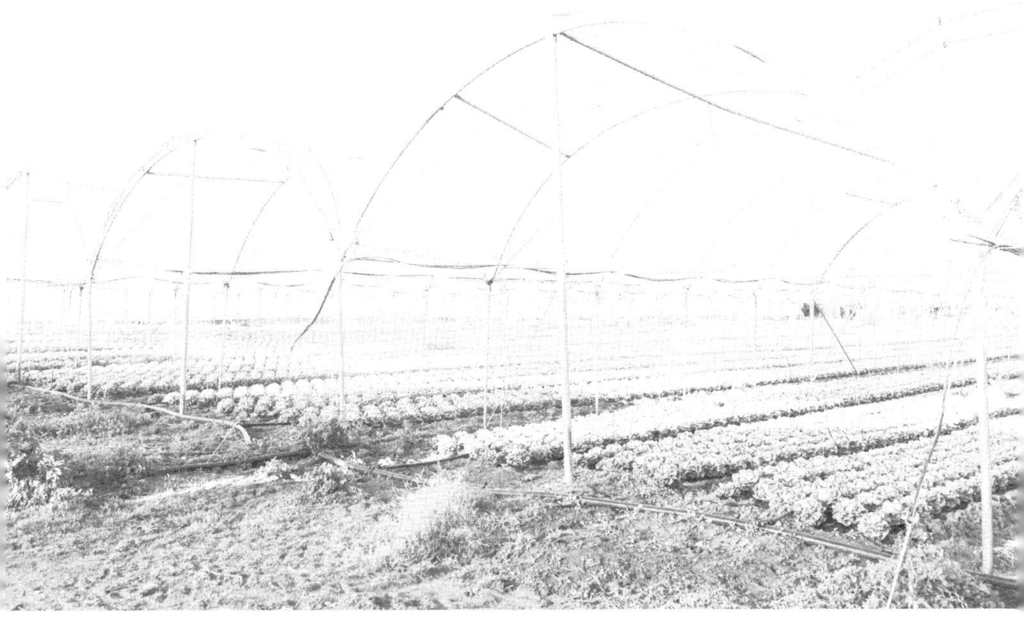

中国农业科学技术出版社

图书在版编目(CIP)数据

培育壮大新型农业经营主体带头人 / 梁锦莲等主编.
北京：中国农业科学技术出版社, 2025.4. --ISBN 978-7-5116-7275-9

Ⅰ.F324

中国国家版本馆 CIP 数据核字第 2025QY1735 号

责任编辑	陶　莲
责任校对	王　彦
责任印制	姜义伟　王思文

出 版 者	中国农业科学技术出版社
	北京市中关村南大街 12 号　　邮编：100081
电　　话	(010) 82109705 (编辑室)　　(010) 82106624 (发行部)
	(010) 82109709 (读者服务部)
网　　址	https://castp.caas.cn
经 销 者	各地新华书店
印 刷 者	中煤(北京)印务有限公司
开　　本	148 mm×210 mm　1/32
印　　张	5.25
字　　数	132 千字
版　　次	2025 年 4 月第 1 版　2025 年 4 月第 1 次印刷
定　　价	36.80 元

◆◆◆ 版权所有·翻印必究 ◆◆◆

《培育壮大新型农业经营主体带头人》
编委会

主　编：梁锦莲　　刘　健　　王永辉　　刘明成
　　　　姚　力　　龙　艳

副主编：张广慧　　独　娟　　钱汝林　　智　慧
　　　　魏军团　　张　静　　郑玉倩　　邓建红
　　　　卫东华　　李德林　　沙福福　　朱晓波
　　　　皇甫江　　孙建凤　　安晓斌　　罗　立
　　　　麻生富　　党　伟　　刘小东　　夏林浩
　　　　华东升　　王光正　　段　娟　　黄雪玲
　　　　李　梅　　任德全　　赛买提·努热
　　　　董旭霞　　吴学智　　刘瑞良

编　委：黄　河　　焦相所　　杨冬灵　　叶坚达
　　　　李　娴　　杨咸华　　王熠琨　　贺红三
　　　　刘芳枚　　蔡　爽　　周梦玲　　曾国荣
　　　　刘正伟　　徐升声　　黄总军　　梁　霞
　　　　林慧茹

前　言

随着全球经济的快速发展与农业农村现代化进程的加速，农业经营主体的转型与升级成为推动农业可持续发展的核心动力。新型农业经营主体作为现代农业的骨干力量，不仅承担着推动农业生产力发展的重要任务，还在农业产业结构优化、资源高效利用、生态保护和乡村振兴等方面发挥着至关重要的作用。近年来，随着国家政策的支持和市场需求的变化，越来越多的新型农业经营主体，如家庭农场、农民合作社、专业大户和农业产业化龙头企业等相继崛起，它们以更加灵活的经营模式、创新的技术手段和现代化的管理理念，逐步走向农业发展的前沿。

本书共分九章，系统探讨了新型农业经营主体的框架、趋势、带头人角色、能力培养及品牌建设等内容。各章根据农业经营主体的发展过程、管理实践及市场变化进行深入分析。第一章介绍新型农业经营体系的概念、历史演变与发展趋势，阐明其在现代农业中的重要地位。第二章分析带头人的角色定位及其与农业经营主体的协同发展。第三章讨论培育新型农业带头人的策略，包括关键任务、政策支持、培育路径与能力提升。第四章至第六章通过案例分析，探讨专业大户、家庭农场与农民合作社的经营模式、管理经验及创新模式。第七章聚焦农业产业化龙头企业的带动效应及品牌建设与价值链创新的作用。第八章分析绿色

培育壮大新型农业经营主体带头人

农业与可持续发展的引领作用,关注生态价值与绿色发展路径。第九章总结农业品牌建设与带头人市场营销能力的提升路径。

希望本书能为我国农业农村现代化进程贡献一份力量,助力农业经营主体在新时代农业发展中发挥更大的引领作用。

编　者

2025 年 1 月

目　　录

第一章　新型农业经营体系的框架与趋势 …… 1
　　第一节　新型农业经营体系的内涵与意义 …… 1
　　第二节　中国农业经营体系的演变 …… 3
　　第三节　新型农业经营主体的构成与发展路径 …… 4

第二章　新型农业经营主体带头人的角色定位 …… 12
　　第一节　带头人与新型农业经营主体的协同发展 …… 12
　　第二节　带头人应具备的核心素质与能力要求 …… 15
　　第三节　带头人的社会责任与创新引领作用 …… 22

第三章　培育新型农业经营主体带头人的策略 …… 27
　　第一节　新型农业带头人培育的关键任务 …… 27
　　第二节　带头人培育中的政策支持与资源整合 …… 30
　　第三节　通过产学研合作培育带头人的路径 …… 33
　　第四节　基于产业链的带头人能力提升策略 …… 36

第四章　专业大户的典型经验与升级路径 …… 40
　　第一节　专业大户的经营模式及内涵特征 …… 40
　　第二节　养殖大户的可持续管理模式 …… 43
　　第三节　专业大户的政策扶持与金融服务 …… 53
　　第四节　专业大户在农业农村现代化中的示范作用 …… 54

第五章　家庭农场的创新与高效运营 …… 65
　　第一节　家庭农场的认定标准与创办 …… 65
　　第二节　家庭农场的经营模式与条件 …… 69

  第三节 家庭农场的政策支持 …………………………… 73
  第四节 家庭农场的可持续发展与未来方向 …………… 78

第六章 农民合作社的协作优势与创新模式 ……………………… 81
  第一节 农民合作社的组织类型与功能定位 …………… 81
  第二节 农民合作社的建立与清算 ……………………… 83
  第三节 农民合作社的政策扶持 ………………………… 88

第七章 农业产业化龙头企业的带动效应 …………………………… 91
  第一节 农业产业化龙头企业的特征与使命 …………… 91
  第二节 龙头企业对农业经营主体的辐射作用 ………… 96
  第三节 龙头企业申报与政策支持的实务操作 ……… 104
  第四节 龙头企业的品牌管理与价值链创新 …………… 113

第八章 绿色农业与可持续发展的引领作用 ………………………… 120
  第一节 绿色农业的核心理念与发展趋势 …………… 120
  第二节 绿色农业技术对经营主体的提升作用 ……… 125
  第三节 农业绿色发展政策的驱动作用 ………………… 129
  第四节 新型农业经营主体的生态价值 ………………… 134

第九章 农业品牌建设与带头人市场能力提升 ……………………… 139
  第一节 农业品牌化建设的理论基础 …………………… 139
  第二节 农产品品牌价值提升的关键举措 ……………… 143
  第三节 带头人市场营销能力的培养 …………………… 149
  第四节 提升新型农业经营主体市场竞争力的实践
      路径 ……………………………………………… 153

参考文献 ………………………………………………………………… 159

第一章 新型农业经营体系的框架与趋势

第一节 新型农业经营体系的内涵与意义

一、新型农业经营体系的概念

新型农业经营体系,是指集专业化、组织化、集约化、社会化于一体的农业经营体系。专业大户、家庭农场、农民合作社和农业产业化龙头企业等新型农业经营主体共同构成了新型农业经营体系,但在现代农业中具有不同的定位。

专业大户和家庭农场主要承担农产品生产的功能,对小规模农户具有示范效应,能够带动传统农户采用先进技术和生产手段,增加资金和技术等生产要素的投资。农民合作社能够发挥带动散户、组织大户、对接企业、联结市场的功能,进而提升农民组织化程度。农业产业化龙头企业具有技术、资金、人才、设备的优势,能够实现先进生产要素的集成,承担着农产品加工和市场营销方面的功能,为农户提供产前、产中、产后的各类服务。

在新型农业经营体系中,各种新型农业经营主体相互合作、互相融合,共同推动传统农业向现代农业的转变。家庭农场的经营性质较为综合,可能出于效率和效益的考虑,将一部分生产性服务外包给农民合作社等特定组织,在农地租赁方面也会借助于农民合作社,以避免面对分散农户的高昂交易成本。家庭农场也可能成为专业合作社社员。与此类似,农业产业化龙头企业也可能为了降低与分散农户的交易成本而加入合作社,或者直接领办

培育壮大新型农业经营主体带头人

合作社。除此之外，家庭农场、农民合作社、农业产业化龙头企业等新型农业经营主体自身也会因为产品和服务的交易而产生经济合作关系。

二、构建新型农业经营体系的意义

新型农业经营体系是对农村基本经营制度的丰富和发展，是对以家庭承包经营为基础、统分结合双层经营体制的完善。构建新型农业经营体系是发展现代农业的需要。我国农村正在发生深刻变化，农业经营方式面临很多新的挑战，经营规模小、方式粗放、组织化程度低、服务体系不健全、劳动力老龄化等问题表现突出，因此，构建新型农业经营体系符合农业经营方式的发展要求，培育专业大户、家庭农场、农民合作社、农业产业化龙头企业等新型农业经营主体，发展多种形式的农业规模经营和社会化服务，有利于解决现存的问题，保障和推动农业更好、更快地发展。

新型农业经营主体是构建现代农业产业体系的依靠力量。新型农业经营体系可以将资金、技术和现代经营管理理念引入农业，延长农业产业链条，提高农业的附加值，推动构建现代农业产业体系，提高农业的抗风险能力和市场竞争力。

长远来看，在我国新型农业经营体系中，专业大户和家庭农场将成为大宗农产品和商品粮的主要生产者，为小规模分散经营农户提供示范效应，带动小规模分散农户增加资金、技术等生产要素的投入，带动小规模分散农户采用先进技术和生产手段，提高农业生产的集约化水平。农民合作社将成为农业社会化服务的主要提供者，发挥带动散户、组织大户、对接企业、联结市场的作用，带领农民提升组织化程度，引领农民进入国内外市场。农业产业化龙头企业将主要致力于农业产前投入、产中服务、产后收储、加工和流通环节，以及资源开发利用和规模化养殖领域，

第一章　新型农业经营体系的框架与趋势

发挥其在资金、人才、技术、设备等方面的优势。

第二节　中国农业经营体系的演变

中国农业经营体系的演进大致可分为5个阶段。

第一阶段，1978年党的十一届三中全会召开，普遍推行以家庭联产承包责任制为主要内容的农村经济体制改革，废除人民公社，到1983年底实行包干到户的农户占全部农户数量的98%。

第二阶段，1991年《中共中央关于进一步加强农业和农村工作的决定》提出，把以家庭联产承包为主的责任制、统分结合的双层经营体制，作为我国乡村集体经济组织的一项基本制度长期稳定下来，并不断充实完善。

第三阶段，1998年党的十五届三中全会通过的《中共中央关于农业和农村工作若干重大问题的决定》提出，要长期稳定以家庭承包经营为基础、统分结合的双层经营体制。家庭承包经营是集体经济组织内部的一个经营层次，是双层经营体制的基础，家庭经营具有广泛的适应性和旺盛的生命力，必须长期坚持。

第四阶段，2008年党的十七届三中全会通过的《中共中央关于推进农村改革发展若干重大问题的决定》提出，推进农业经营体制机制创新，加快农业经营方式转变。家庭经营要向采用先进科技和生产手段的方向转变，着力提高集约化水平；统一经营要向发展农户联合与合作，形成多元化、多层次、多形式经营服务体系的方向转变，着力提高组织化程度。

第五阶段，党中央、国务院高度重视"三农"工作，党的十九大作出了实施乡村振兴战略的重大决策部署，提出发展多种形式适度规模经营，培育新型农业经营主体，建设现代农业。2017年12月13日，国务院常务会议专题审议了新型农业经营主体培育有关工作，明确培育新型农业经营主体、加快发展现代农业是

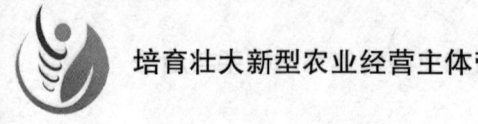
培育壮大新型农业经营主体带头人

落实党的十九大精神、实施乡村振兴战略的重要内容,提出了今后一段时期新型农业经营主体的发展方向和扶持的政策举措。

第三节 新型农业经营主体的构成与发展路径

一、新型农业经营体系的构成

(一)专业大户和家庭农场

专业大户和家庭农场是在农村分工分业发展的背景下,逐步形成的以家庭成员为主要劳动力,面向市场从事集约化、专业化、标准化生产经营,以务农为家庭收入主要来源的农业生产经营组织。专业大户和家庭农场具有经营规模较大、不存在委托代理、契约化交易为主、监督成本较低等基本特征。

(二)农民合作社和股份合作社

农民合作社是农户为提高市场谈判地位、降低生产和交易成本、增强融资和抗风险能力、分享生产经营增值收益,通过联合与合作组建起来的一种生产经营组织形式。专业合作社是在家庭承包经营基础上,由同类农产品的生产经营者或生产经营服务的提供者、利用者,实行自愿联合、民主管理的互助性经济组织。股份合作社是农民以土地或资产入股方式组建起来的合作性经济组织。农民合作社的基本特征是:成员以农民为主体、决策实行一人一票、分配主要按惠顾额返还,通过横向联合扩大经营规模。

(三)农业产业化龙头企业和公司制经营方式

公司制经营方式是市场化程度较高的现代农业经营组织形式。公司制企业具有产权明晰、治理结构完善、管理效率较高,以及技术装备先进、融资和抗风险能力较强、产品附加值高、辐

第一章 新型农业经营体系的框架与趋势

射带动能力较强等基本特征。农业产业化龙头企业主要从事农产品生产、加工或流通,并通过各种利益联结机制与农户相联系,使农产品生产、加工、销售有机结合,实行一体化经营。

(四)公益性服务组织和经营性服务组织

农业社会化服务组织大体上可以分为两类:一类是公益性服务组织,以国家设在基层的公益性服务机构为主体;另一类是经营性服务组织,即除公益性服务机构以外的各种服务组织。实际上,许多专业大户、农民合作社、龙头企业也都不同程度地为农户提供生产经营服务,它们既是经营主体,又是社会化服务组织。

二、培育新型农业经营主体的路径

(一)培育新型农业经营主体的重点任务

1. 发展多种形式规模经营

鼓励土地承包经营权向专业大户和家庭农场流转,发展多种形式规模经营。提高农村土地流转管理服务水平,鼓励农民承包地向专业大户和家庭农场流转。一是健全农村土地承包经营权流转市场。加强土地流转平台建设,建立健全县乡村三级流转服务体系,开展流转供求信息、合同指导、价格协调、纠纷调解等服务,引导土地依法、自愿、平稳流转。在尊重农民意愿的前提下,积极推广委托流转、股份合作流转、季节性流转等方式,推进整村整组连片流转,提高规模经营水平。推广实物计租货币结算、租金动态调整、土地入股保底分红等利益分配方式,稳定土地流转关系,保护流转双方合法权益。二是建立土地优先向专业大户和家庭农场流转的有效机制。以资金扶持为导向,建立分层分级的补助标准,鼓励土地转出户与专业大户、家庭农场签订中长期租赁合同,发展稳定而适度的规模经营。三是建立示范性家庭农场认定培育机制。按照自愿原则开展家庭农场登记,建立示

培育壮大新型农业经营主体带头人

范性家庭农场认定、管理和培训制度,健全有针对性的财政、税收、金融等扶持政策。

2. 引导农民加强联合与合作,发展多种形式的新型农民合作组织

按照"积极发展、逐步规范、强化扶持、提升素质"的要求,大力发展多元化、多类型的农民合作组织。一是规范发展专业合作社。认真贯彻实施《中华人民共和国农民专业合作社法》,指导合作社制定好符合本社实际的章程,建立健全各项内部管理制度,切实做到民主办社、民主管理。二是稳步发展土地股份合作社。在集体经济实力和领导班子组织能力较强的地方,坚持农户自愿原则,稳妥推进土地股份合作社发展,开展农村土地股份合作社和农村集体股份合作社登记管理,防止假借合作的名义侵害农民的土地承包权益。三是鼓励发展农民合作社联合社。在专业合作基础上支持相同产业、相同产品的合作社组成联合社,落实和完善相关税收优惠政策,支持农民合作社发展农产品加工流通,着力发展农产品贮藏、销售和加工,提高市场竞争能力和带动农户能力。四是引导合作社开展内部信用合作。按照"限于成员内部、用于产业发展、入股不吸储、分红不分息"的原则,引导产业中基础牢、经营规模大、带动能力强、信用记录好的农民合作社开展内部信用合作,建立健全相关规章制度,确保规范运行、健康发展。

3. 培育壮大农业产业化龙头企业,建立和完善利益联结机制

按照"优化配置、集约经营、规模发展、整体推进"的思路,进一步培育壮大龙头企业。一是做大做强龙头企业。支持龙头企业通过兼并、重组、收购、控股等方式,培育一批引领行业发展的领军企业。积极创建农业产业化示范基地,加强技术创新、质量检测、物流信息、品牌推介等公共服务平台建设,不断提升示范基地引领现代农业发展水平。二是完善与农户的利益联

第一章 新型农业经营体系的框架与趋势

结机制。大力发展订单农业，规范合同内容和签订程序，明确权利责任。支持龙头企业与专业大户、家庭农场、合作社有效对接，鼓励龙头企业创办领办合作社，推进企业与合作社深度融合发展。鼓励农户、家庭农场、合作社以资金、技术等要素入股龙头企业，形成产权联合的利益共同体。三是引导市场资金到农村发展适合企业化经营的种养业。把市场资金进入农业同各类现代农业园区建设结合起来，引导市场资金依托农业园区发展现代农业，优化产业布局，夯实发展基础。把市场资金进入农业同各地农业产业发展规划结合起来，支持市场资金在良种繁育、高标准设施农业、科研示范推广等适合企业化经营的领域发展种养业，鼓励市场资金开发荒山、荒沟、荒丘、荒滩和开展产前、产中、产后的加工、营销、技术等服务，不断增强辐射带动能力。

4. 构建农业社会化服务新机制，培育发展多元服务主体

按照"主体多元化、服务专业化、运行市场化"的方向，加快构建公益性服务与经营性服务相结合、专项服务与综合服务相协调的新型农业社会化服务体系。一是继续强化农业公益性服务体系。抓紧建立公共服务机构人员聘用制度，规范人员上岗条件，选择有真才实学的专业技术人员进入公共服务管理队伍。全面推行以公益性服务人员包村联户（合作社、企业、基地等）为主要模式的工作责任制度，逐步形成服务人员抓示范户、示范户带动辐射户的公益性服务工作新机制，不断增强乡镇公共服务机构的服务能力。二是加快培育农业经营性服务组织。采取政府订购、定向委托、奖励补助、招投标等方式，引导农民合作社、专业服务公司、专业技术协会、农民经纪人、涉农企业等经营性服务组织参与公益性服务，大力开展病虫害统防统治、动物疫病防控、农田灌排、地膜覆盖和回收等生产性服务。培育会计审计、资产评估、政策法律咨询等涉农中介服务组织。三是不断创新农业社会化服务方式。整合现有的涉农服务平台，在县级搭建集技

术指导、农产品营销、农资供应、土地流转、农机服务、疫病防控等服务于一体的综合服务平台，促进农业社会化服务供需有效对接。积极推广"专业服务公司+合作社+农户""村集体经济组织+专业化服务队+农户""涉农企业+专家+农户"等服务模式，总结典型经验，发挥示范效应。四是开展农业社会化服务示范县创建。在全国选择一批领导重视、基础较好、经验具有普适性的县市，从培育服务主体、拓展服务领域、创新服务方式、营造发展环境等方面开展示范县创建工作，探索推动农业社会化服务工作的有效机制。及时指导和跟踪创建工作，注重提升示范引领效果，推动全国农业社会化服务体系建设迈上新台阶。

（二）培育新型农业经营主体的路径

1. 改革农村土地管理制度

第一，完善农村土地承包政策。全面开展农村土地确权登记颁证工作，探索承包权与经营权分离的途径和办法。在落实土地集体所有权的基础上，稳定承包权，放活经营权。"土地所有权证"体现土地集体所有的性质，"土地承包权证"体现集体经济组织的"成员权"，"土地经营权证"用于流转和抵押。

第二，健全土地有序流转机制。有关部门应尽快出台相关指导意见，支持地方建立土地规模经营扶持专项资金，鼓励农民承包地向专业大户、家庭农场、农民合作社等新型农业经营主体流转。抓紧研究制定具体实施办法，建立工商企业租赁农户承包地准入和监管制度，重点对企业资质、经营项目、流转合同、土地用途等进行审核，对项目投资进度、租金兑付情况、耕地资源保护等加强监管。

第三，加强土地基础条件建设。探索通过"互换并地"等方式解决承包土地细碎化问题，建议中央财政设立农民互换并地规模化整理专项资金，对组织开展互换并地成效明显的县（市、区）实行以奖代补。将土地确权登记、互换并地与农田基础设施

第一章 新型农业经营体系的框架与趋势

建设结合起来，整合商品粮基地、高标准农田建设、农业综合开发、土地整理、农田水利等项目资金，大力建设连片成方、旱涝保收的优质农田。

2. 创新农村金融保险制度

第一，创新农村金融制度。首先是培育和发展各类新型农村金融机构，创新农村金融产品和服务方式，允许农民合作社开展信用合作，为新型农业经营主体提供资金支持。其次是扩大农村有效担保抵押物范围，建立健全金融机构风险分散机制，将新型农业经营主体的土地经营权、住房财产权、土地附属设施、大型农机具等纳入担保抵押物范围。再次是建立新型农业经营主体信用评定制度，开展新型农业经营主体信用评级，增加对新型农业经营主体的授信额度。最后是创新贷款担保机制，可以由财政出资成立担保公司为新型农业经营主体提供担保服务，也可以建立村级互助担保基金对新型农业经营主体贷款进行担保，还可以由龙头企业为合作社和家庭农场提供贷款担保。

第二，完善农业保险制度。首先是增设由政府财政支持的政策性农业保险品种，尤其是蔬菜、水果等风险系数较高的农作物品种。其次是建立政府财政支持的农业巨灾风险补偿基金，提高农业保险保费补贴标准，降低新型农业经营主体发展生产面临的自然风险。最后是针对种粮大户和种粮合作社，开展粮食产量指数保险和粮食价格指数保险补贴试点；以种粮收入为保险标的物，通过指数保险的方式，探索新型农业经营主体种粮目标收益保险补贴试点。

3. 加大财政资金支持力度

第一，新增农业补贴资金向新型农业经营主体倾斜，对达到一定规模或条件的家庭农场、农民合作社和龙头企业，在新增补贴资金中给予优先补贴或奖励，支持发展规模经营。

第二，对新型经营主体流转土地给予一定的流转费补助，以

补偿当前较高的土地流转费用；对新型经营主体开展绿色食品、有机农产品生产等给予奖励，以提高新型经营主体的生产标准化水平。

第三，加强对规模经营农户、家庭农场主、农民合作社负责人和经营管理人员、龙头企业负责人和经营管理人员以及技术人员的培训，以提高其生产技术能力和经营管理水平。

4. 完善农业设施用地政策

继续贯彻落实农业设施用地政策，优先保障新型农业经营主体的生产设施用地及附属设施用地。有效利用村庄内闲置地、建设用地或复垦土地，支持新型农业经营主体建设连栋温室、畜禽圈舍、水产养殖池塘、育种育苗、畜禽有机物处置、农机场库棚等生产设施，以及建设晾晒场、保鲜、烘干、仓储、初加工、生物质肥料生产等附属设施。对直接用于或者服务于农业生产的水域滩涂，按农业设施用地管理，并赋予长期的经营期限。在修订土地利用总体规划时，要充分考虑新型农业经营主体发展对农业设施用地的实际需要。

5. 建立健全人才培养机制

加强新型职业农民培养，从国家层面制定中长期新型职业农民培养规划，重点面向种养大户、家庭农场经营者、合作社带头人、农民经纪人、农机手和植保员等新型职业农民开展培训，培养大批农村适用专业技术人才。扩大农民培训规模，增加补助经费。探索建立家庭农场经营者的职业教育培训制度。建立合作社带头人人才库，建设合作社人才培养实训基地，着力打造高素质的合作社领军人才队伍和辅导员队伍。加强龙头企业负责人培训，培养一大批农业产业化发展急需的经营管理人才。制定和完善大中专院校毕业生到农村务农的政策措施，鼓励吸引毕业生兴办家庭农场和农民合作社。

6. 探索创新组织经营模式

第一，着力提高农业生产经营组织化程度。要高度重视农民

第一章 新型农业经营体系的框架与趋势

合作社的规范发展,按照服务农民、进退自由、权利平等、管理民主的要求,扶持农民合作社加快发展,使之成为引领农民参与国内外市场竞争的现代农业经营组织。

第二,建立新型农业经营主体利益联结机制。推动龙头企业与专业合作社深度融合,推广"龙头企业+专业合作社(专业协会、集体经济组织)+家庭农场(专业大户)"的组织带动模式,鼓励农民以承包土地入股合作社或龙头企业,鼓励龙头企业采用利润返还、股份分红等多种方式,带动农民增加收入。鼓励发展混合所有制农业产业化龙头企业,推动集群发展,密切与农户、农民合作社的利益联结关系。

第二章　新型农业经营主体带头人的角色定位

第一节　带头人与新型农业经营主体的协同发展

在现代农业发展过程中，带头人和新型农业经营主体的协同发展是推动农业产业化、集约化、专业化的重要途径。带头人不仅是农业生产和管理的核心人物，还承担着引领农民致富、推动农业技术创新和市场开拓的重任。而新型农业经营主体，如家庭农场、农民合作社、农业龙头企业等，已成为农业生产的重要组织形式。二者的协同发展，不仅能够促进农业生产效率的提升，还能推动农村经济的整体发展。

一、带头人对新型农业经营主体的推动作用

（一）示范作用

带头人通过示范和引领，能够帮助新型农业经营主体迅速成长。例如，带头人利用自身的经验和资源，在土地流转、产业振兴、技术推广等方面发挥示范效应，带动周围农民加入合作社或家庭农场，从而促进新型农业经营主体的集聚和壮大。

（二）技术创新与推广

带头人通常具备较强的市场敏感度和技术创新意识，能够及时引进新技术、新品种，推动农业生产的现代化。通过与新型农业经营主体的合作，带头人能够实现技术和经验的共享，使农业生产效率不断提升。

第二章 新型农业经营主体带头人的角色定位

(三) 市场开拓与品牌建设

带头人在市场营销和品牌建设方面通常具有一定的优势。新型农业经营主体可以借助带头人已有的市场资源和渠道，拓展销售渠道，提升产品附加值，推动农业产业的品牌化、规模化发展。

二、新型农业经营主体对带头人的支持作用

(一) 资金支持和资源共享

新型农业经营主体的成立往往伴随着资金的集聚和资源的共享。在这种资源整合的背景下，带头人可以利用新型农业经营主体的资金、设备和技术力量，进一步扩大农业生产规模，提升生产效益。

(二) 技术支持与合作

新型农业经营主体中的专业化团队和技术人才，能够为带头人提供强有力的技术支持。合作社、农民专业合作组织等集体经济组织可以为带头人提供生产和管理上的支持，使其能够专注于更高效的生产和市场运营。

(三) 政策支持与保障

随着国家对新型农业经营主体的政策扶持不断增强，带头人也能从中获得更多的政策资源。政府的补贴、贷款优惠、税收减免等政策，能够为带头人的农业经营提供更大的保障，使其在发展过程中更有信心和动力。

三、带头人与新型农业经营主体协同发展的模式

(一) 合作社模式

合作社是带头人与农民、农户之间的重要纽带。通过带头人引领合作社发展，农民可以通过加入合作社享受集中采购、统一

培育壮大新型农业经营主体带头人

销售、技术培训等服务，而带头人则通过合作社的运作积累资源，提升自身的经济收益和社会影响力。

（二）家庭农场模式

带头人通过家庭农场形式，可以独立经营，采用现代化的农业技术进行生产。在这一过程中，新型农业经营主体提供技术、资金、市场等支持，带头人则在管理和运营中发挥核心作用，共同推动农业生产效率和经营规模的扩大。

（三）农业龙头企业与农户联动模式

农业龙头企业作为新型农业经营主体的代表，其强大的资金、技术和市场优势能够为带头人提供良好的发展平台。在这一模式下，带头人通过与农业龙头企业的合作，带动周围农户发展生产，实现共赢。

四、协同发展中的挑战与应对

（一）资源整合的困难

带头人和新型农业经营主体在资源整合时，可能面临资金、技术、人才等方面的缺乏。为此，政府和相关部门应加大对农业合作社、家庭农场等新型农业经营主体的支持，帮助解决资源短缺问题。

（二）市场风险

新型农业经营主体和带头人共同面临市场波动的风险。为了规避市场风险，带头人应增强市场敏感度，提前布局市场，并与农业龙头企业、合作社等建立稳定的供销关系，保障农产品销售渠道。

（三）政策保障不足

尽管国家出台了多项政策扶持新型农业经营主体，但在实际操作中，政策落实仍存在一定困难。政府应进一步加强政策执行

力,确保带头人和新型农业经营主体的协同发展能够享受到更多的政策红利。

第二节 带头人应具备的核心素质与能力要求

一、新型农业经营主体带头人的基本素质

(1) 有良好的职业道德,遵守职业规范和要求,具有高度的敬业精神和责任感。

(2) 有很强的个人魅力,为人忠诚正直,重承诺、守信用,处事公正,具有宽广的胸襟。

(3) 有良好的心理素质,自信,不怕挫折失败,百折不挠,勇于承担责任。

(4) 有现代农业发展理念和互联网农业的职业习惯。

二、新型农业经营主体带头人应具备的经营理念

(一) 有大格局

所谓大格局,就是做人豁达,处理问题有一定高度,不局限于自己团体的利益,而是着眼于整个公司的利益;不计较个人恩怨,不计较小问题,不患得患失,有气度。作为带头人,如果总是唯唯诺诺或出尔反尔,本身就是一种不成熟的表现;不能总是在自己的"小圈子"里打转。

(二) 有大胸怀

所谓大胸怀,表现之一就是多关心别人。很多带头人都有一种居高自傲的心态,自以为很了不起,是所带团队的头,因此喜欢让人奉承,动不动就支使别人、教训别人,甚至粗口辱骂下属,而且认为这是天经地义的。这样的人不适合当带头人,因为他不懂"水能载舟,亦能覆舟"的道理。

表现之二是真心待人。对别人一定要真心,要像对待自己的兄弟姐妹一样。你付出真心,回报你的一定也是真心;如果你付出的不是真心,你得到的回报也绝不会是真心。"人心换人心",这是一个很简单的道理。真心对待每一位员工,才会得到员工对企业的绝对忠诚。

表现之三是信任别人。很多带头人喜欢大包大揽,还有很多带头人对别人的能力表示怀疑,这样的团队业绩始终不会突出,因为不信任,会导致集体作战的能力变弱,其前进的脚步就会相应变慢。所以,信任别人,其实就是信任团队;不信任别人,就是不信任团队。

(三) 有个人气场

有这样一个事例,有一位店长被调往另一个店,有许多下属跟着他去。为什么呢?这就是他所建立起来的气场,或者说,这是他在下属心目中的威望。这种威望不是靠权力,也不是靠地位,而是靠个人魅力。这种魅力表现在以下3个方面。

首先,不戴有色眼镜看下属。很多带头人由于长期处于领导地位,会对下属的能力、进步变得漠不关心或熟视无睹,总是以老眼光看待下属。即使下属取得了明显的进步,也在潜意识里把他列入老行列,在工资待遇、评优等方面不予考虑,这样会极大地伤害下属的积极性。同时,也极大地损害了自己在下属心目中的威望。

其次,关心下属的职业生涯规划。你的每一个下属,都是一个活生生的人,他们都希望得到更好的待遇、更好的发展,过上更好的生活。聪明的领导会考虑下属的职业晋升规划,会替下属规划好其职业前景,该提升的时候会适时提升,永远让下属充满希望。相反,如果你的下属能力得不到认可,业绩得不到认可,前景一片黯淡,他还会继续为你工作吗?

最后,建立和谐的文化。员工的生活层面与带头人的生活层

第二章 新型农业经营主体带头人的角色定位

面肯定是不同的。对应马斯洛的需求层次论，大部分的员工都比带头人的需求层次至少要低一个级别，因此，不要总是站在自己的角度考虑问题，而是要站在下属的角度考虑问题，切实为他们解决一些实际困难。在"小肥羊"企业中，就有许多这样的带头人：他们会主动自掏腰包为下属解决一些个人困难，会利用自己的资源为下属解决个人问题，会关心下属的发展，为其谋求更大的发展空间。

带头人好与坏的评价，最直观的表现就是下属是否安心工作，而且是否充满激情。如果下属纷纷弃你而去，那不仅是对你的背叛，还说明你需要深刻反思，是否做到了上述几点。

当然，反思的时候最好静下心来，因为人是很难发现或者说很难承认自己的不足的，即使有些缺点是显而易见的。

（四）有责任心和精益求精的精神

何谓责任？众说不一，简而言之，就是做好自己分内的事情。看似简单的"责任"二字，其实是一个完整的体系，包含着责任意识、责任能力、责任行为、责任制度、责任成果等多重内涵。怎样才能让职工切实负起责任来？笔者认为，应从培养职工的责任意识出发，通过多项措施和方法使职工将"为企业创效"作为开展工作的重心和牵引，促进职工真正"想干事""会干事""干成事"。

强化责任意识，使职工"想干事"。效益是企业的生命，效益也是职工利益的源泉。职工只有真正理解了企业的效益发展和个人的前途命运息息相关，才会以强烈的责任感和饱满的工作热情主动负责任地做好每件事、每项工作。为此，企业应在此方面做好教育引导，一是加强平台意识教育，使职工认识到岗位是事业的平台，进而树立责任意识，把工作当作事业干，并最终在这个平台上有所成就。二是加强尊严意识教育，让职工认识到只有树立责任意识，在自己的工作岗位上为企业创造了效益，个人与企业才更有尊严。三是加强家园意识教育，让职工认识到企业是职工共同的家园，只有每一名职工都负起责任，让企业创造效益，才会使家园里的每一个人更有安全感和优越感。

确定责任目标，使职工"会干事"。做任何事情如果没有目标，就会失去方向，失去动力，就不可能有好的方法，更不可能取得好的效果。因此，企业必须将责任逐级分解，实施责任目标管理，按照"五确认，一兑现"的方法确定相应的目标和指标，逐级落实责任，层层传递压力，形成"凡事有人负责、凡事有人监督、凡事有章可循、凡事有据可查"的闭环管理。

优化责任环境，使职工"干成事"。当一个原本责任心不强的人走进一个文明、勤奋、严谨、负责的群体，其个人行为必然会有所收敛，心灵必然会被感化。人的成长无疑与其周围的环境有着密切的关系，所以，企业要不断优化责任环境，使职工在良好的氛围中得到责任的熏陶，进而达到预期效果。在这方面，一是要建立健全科学合理、可操作性强的管理制度、办法、工作流程等，使管理秩序和生产秩序井然有序，管理行为和作业行为得以规范，形成人人心中有"令行禁止"的制度约束。二是监督和考核机制不流于形式，通过政务公开、督查督办、效能监察、月度考核等多种方法，使职工在严格遵守和执行上做到持之以恒。三是企业中心和重点工作，要实现党政工团齐抓共管，协调统一。四是领导干部要以身作则，大力提倡"严、细、实"的工作作风，坚决反对心浮气躁、务虚不务实的现象。

（五）精细管理

精细管理不是烦琐管理，复杂管理不是"只见树木不见林"，更不是"眉毛胡子一把抓"，同时精细管理也不在于简单的关注细节，片面的注重量化，而是应从系统的角度出发，抓住那些真正给企业带来效益的关键环节。

抓好执行环节。企业有一套完整的管理制度，但如果执行过

第二章 新型农业经营主体带头人的角色定位

程中出现较多随意的成分,存在"差不多""还凑合"等思想,最终的效果就会大打折扣。所以,务必要抓好执行环节,一是提高对执行者的要求,通过绩效考核等手段使其在执行中达到平均线,锁定标杆线,争创创新线;二是强化执行者的精细管理意识;三是建立制度体系对执行予以规范。

精细见于数据。精细管理的最重要体现就是数据化,数据"看得见、摸得着、说得出",最有说服力,实现企业的精细管理,就需要对各项业务用数据明确目标,确定工作计划,保证执行得精确。做到这一点:一是要完善各类数据的收集和积累,形成参照物;二是要将工作计划依照基础数据量化为具体的数字和程序;三是要按照"五确认,一兑现"不折不扣地落实。

把小事做细,把细事做透。在工作中,没有一件事情不值得去做,也没有一个细节细到应该被忽略。这应该成为企业和职工日常工作的原则,只有脑海里有这样的思想,我们才能时刻提醒自己,始终让自己处于正确的路线上。另外,只有每个人都安心本职工作,做好每个细节,做好每件小事,养成认真做事、踏实做事的职业态度和职业习惯,才能将我们的工作做得更好。

通过责任培养和精细管理,可以使我们的干部职工更加充分认知自己所扮演的角色和应担负的重任,从而以精益求精的严谨态度,高标准高要求约束自己,细化管理,落实责任,精心工作,扎实做好每一项工作,进而推进企业持续、安全、健康、稳定和高效发展。

三、新型农业经营主体带头人的个人能力

(一) 思考力

新型农业经营主体带头人要勤于思考,要会思考。

有三件事要经常想,还要想明白。一是思考老板想要什么样的结果,老板的目标与现实有多远。二是思考产品的优势和劣势

在哪里？优势怎样放大，劣势如何避免。三是思考客户想要什么，想办法让客户接受"价廉永远不会物美"的现实，想办法让"羊毛出在猪身上，兔子埋单"。

思考的最大好处就是事前准备充足。

（二）组织策划能力

教练的职责是训练、组织和调度球员比赛，而不是自己下场参赛。职业经理人每天要做的事是组织人力、物力和财力去完成某项任务，怎么组织才有效，需要精心策划。紧接着就是指挥别人具体执行，自己不需要去做具体的事务性工作。记住职业经理人是教练而不是球员。

（三）沟通协调能力

新型农业经营主体带头人经常要与四类人沟通：一是与客户和外部关系的沟通；二是和老板或股东的沟通；三是和同僚的沟通；四是和下属的沟通。注意，沟通必须有成效，不能留死角。

很多时候事情的方方面面会不断出现矛盾冲突，不是因为你能力不济，吩咐不到，而是缺乏沟通。任何工作只要沟通到位，没有什么解决不了的问题。善于沟通、有效沟通，可以事先化解矛盾，有利于调动千军万马。

（四）洞察力和判断分析能力

要有敏锐的洞察力，不放过任何问题。薄弱环节和容易被人忽视的地方最有可能出大事。

新型农业经营主体带头人要能准确判断农业生产或经营中的漏洞和弱点，碰到任何问题能在第一时间发现，能合理分析，并能提出改善方案。

（五）执行力

新型农业经营主体带头人要贯彻既定策略、方针，要向下属作解释工作并负责组织、安排、指导、检查、考核，如果工作不

第二章 新型农业经营主体带头人的角色定位

能落实下去,一切都是空谈;落实了不能最终实现,一切都是白做。

执行力是从上到下层层落实的衡量尺度,必须不折不扣。

(六)驾驭人的能力

社会分工越来越细,一个人能力再强也不可能独立完成所有工作。如果事事都身体力行,就不适合做新型农业经营主体带头人。分工协作就必须选拔人、使用人,用人不当往往会事倍功半。诸葛亮错用马谡,导致街亭失守;赵王误用只会纸上谈兵的赵括,导致长平之战大败。农业生产选错技术员,必然导致生产出劣质产品。

(七)善于处理危机或突发性事件的能力

这种能力是体现你与众不同的地方。大部分工作,你能完成别人也能完成,你有什么突出的优势呢?只有在碰到突发事件、危机事件时,能够综合运用各种能力,依靠丰富的专业工作经验、敏锐的洞察力、判断分析能力、创造性的思维、良好的心理素质、成熟的公关能力等,运筹帷幄,从容应对,化解危机,这才是农业经营主体带头人应具备的杰出能力。

(八)亲和力凝聚力

如果只是靠你的地位,凭借手中的权力强制下属执行命令,完成工作,下属会视你如恶人,你即使取得了暂时的成功,也不会获得长久的支持,因为这不是你的能力,而是你所处的位置、所掌握的权力的功劳。一个好的领导者应有亲和力、凝聚力,吸引别人愿意和你一起奋斗,不需要去强制别人。史玉柱因事业失败在离开巨人集团前,有几个月员工工资都发不出来,但他的核心团队没有一个人离开,而是与他一起重新开创事业,使企业得以东山再起。这正是带头人史玉柱所具有的亲和力、凝聚力的体现。

(九) 时间管理能力

新型农业经营主体带头人每天忙得焦头烂额、乱作一团不是一件好事，一则说明他的组织计划工作不足，二则没有把下属发动起来，三则乱忙、白忙、效率低下，四则对自己和团队不负责任。诸葛亮事无巨细，亲力亲为，面面俱到，结果累死了。老黄牛式的吃苦耐劳、兢兢业业的人我们需要，但是他们只适合做一项具体的工作，不适于做一个带领团队负责全面工作的经理人。

新型农业经营主体带头人每天要面对各方面的问题，如果不能合理安排自己的工作，有效管理自己的时间，他恐怕连吃饭睡觉的时间都没有，事没做好自己先垮了。具备时间管理能力可以把经理人从琐碎的工作中解放出来，去抓重要的工作，把其余工作交给相应的岗位去处理。经理人只要抓住牵一发而动全身的关键，这样才能举重若轻，处理好所有工作，这叫"轻功"。

第三节 带头人的社会责任与创新引领作用

一、带头人的社会责任

农业经营主体带头人不仅是推动农业生产和经营的核心人物，还肩负着重要的社会责任。在现代农业发展过程中，带头人的角色愈加复杂，他们不仅要引领农业生产的创新和发展，还要关注社会的可持续发展、农村的振兴以及农民的福祉。带头人作为农业经营主体的引领者，必须在实现经济效益的同时，履行好社会责任，为农业产业、农村社会和生态环境作出贡献。

(一) 促进农村经济发展

1. 带动农民增收致富

带头人通过先进的生产理念、技术创新和管理模式，带动周围农民提高生产效率和经济收益。通过组织农民参与合作社、家庭农场等新型农业经营主体,带头人能够帮助农民实现规模化生产、集约化经营,进而提高他们的收入水平。

2. 改善农民就业和社会保障

农业经营主体带头人通过发展农业产业链,不仅为农民提供了更多的就业机会,还能为农民提供社会保障和职业培训。例如,农业合作社或龙头企业通常为农民提供稳定的收入来源、健康保障和养老保障等,减少了农村劳动力的流失和社会不稳定因素。

3. 推动乡村振兴战略实施

带头人是乡村振兴战略的关键力量之一。通过现代农业的经营和管理,带头人能够推动农村经济结构的优化,促进农业产业与服务业、乡村旅游等领域的融合发展,增强农村的自我发展能力,提升乡村的经济活力。

(二) 环境保护与可持续发展

1. 倡导绿色农业和可持续发展

带头人应具备环保意识,推动绿色农业和生态农业的发展。通过合理施肥、科学灌溉、减少农药使用和加强土壤保护等措施,带头人能够减少农业生产对环境的负面影响,促进土地资源的可持续利用,提升农业生产的环保效益。

2. 推行循环农业和资源再利用

带头人通过推广循环农业理念,实现农业资源的高效利用和再生。利用农作物秸秆、畜禽粪便等农业废弃物进行资源化利用,推动农业废弃物的处理和再利用,减少农村环境污染,促进农村生态环境的可持续性。

3. 保护生物多样性

带头人还应承担起生物多样性保护的责任,避免过度开发和单一作物种植所带来的生态破坏。通过多元化的农业生产模式,如农林牧结合、生态种养等,带头人能够保护和恢复农村生态系

统的多样性，推动生态环境和农业生产的和谐共生。

(三) 社会责任与农民利益的保障

1. 保障农民权益

农业经营主体的带头人应关注农民的合法权益，尤其是在土地流转、合同签订和收入分配等方面，确保农民在合作中能够获得公平的利益。带头人应倡导公正、透明的经营理念，避免农民在生产合作中遭遇剥削和不公正待遇。

2. 推动农民教育与技能提升

带头人有责任为农民提供教育培训和技能提升机会，帮助农民提升现代农业生产和管理能力。通过组织农民参加培训班、实地观摩和技术交流等活动，带头人能够帮助农民掌握新的农业生产技术和市场信息，提高他们的综合素质和自主创业能力。

3. 推动农产品的品质安全和食品安全

带头人应加强农产品的质量控制，确保农民生产的农产品符合食品安全标准，提升农产品的市场竞争力和消费者的信任。通过加强农业生产规范化、标准化管理，带头人可以提高农业产品的品质，确保农民收入的可持续性和农产品的市场地位。

(四) 推动农业科技创新和产业转型

1. 促进农业技术创新

带头人需要积极引进和应用新技术、新品种、新工艺，以提升农业生产效率和质量。通过自主研发或与科研机构合作，带头人能够推动农业技术的创新，为农业产业的转型升级奠定基础。

2. 推动农业产业链延伸和产业融合

带头人应引领农业产业链的延伸，通过增加深加工环节和提升农产品附加值，带动农业产业的多元化发展。通过推动农业与加工业、物流业、旅游业等行业的融合，带头人能够实现农业生产的价值增值，并推动乡村经济的全面发展。

第二章 新型农业经营主体带头人的角色定位

3. 支持农业农村现代化建设

带头人是农业农村现代化的先行者,他们通过现代化的管理模式、信息技术和机械化设备,提升农业的生产效率和竞争力。带头人应致力于推动农业生产方式的转型,从传统的粗放型生产向高效、精准、智能化的生产方式转变。

二、新型农业经营主体带头人的作用

依靠新型农业经营主体带头人,可较好解决贫困农户在参与农业产业发展中碰到的一系列问题。例如,过去一些地区依托扶贫资金免费给生活困难家庭发放种苗,但由于农户没有种植和养殖技术,致使产量不高,效益低下。解决这一问题,新型农业经营主体就大有可为:产前,提供优良种苗;产中,以标准化、规范化、常态化方式做好生活困难家庭的技术培训和上门技术指导的工作,推出技术示范样板;产后,帮助生活困难家庭广开销售渠道,增强其致富信心。

依靠新型农业经营主体带头人,有利于创新产业乡村振兴模式。互联网时代,距离不是问题,产品才是关键。农村地区独特的自然生态环境是最大的资源优势,可扬长避短,大力发展生态种养、种养平衡、循环农业。近年来,在长沙,一些省级贫困村依托新型农业经营主体,开展"水稻+稻田生态高效种养"、林下养鸡、果园养鸡等,效益都很不错。通过推广种养平衡,完全可以实现我国提出化学肥料、农药零增长目标;把种植、养殖结合在一起,既符合生态农业、循环农业发展的方向,也有利于农村地区利用资源,实现生态增值、致富。比如开展"水稻+鱼虾菜果"立体生态种养,充分利用了稻田、水体和田埂三个空间,美化了生态环境,增加了经济效益。这对耕地面积相对较少、土地资源十分有限的农村地区来说,是最现实也最容易实现的生态农业模式之一。

培育壮大新型农业经营主体带头人

基于新型农业经营主体在产业乡村振兴中具有"帮贫带富"的特殊意义,一方面,要按照"规模化、专业化、标准化"发展思路和"有理想、有情怀、有抱负、懂技术、会经营、善管理、有效益"要求,培育壮大农村地区新型农业经营主体带头人队伍;另一方面,要支持新型农业经营主体以"公司+农户""合作社+大户""家庭农场+生活困难家庭"等多种方式建设标准化、规范化农业产业化示范基地,既可使龙头企业获得优质农产品原料,又可提高生活困难家庭生产水平。要推动新型农业经营主体与农户建立紧密型利益联结机制,采取保底收购、股份分红、利润返还等方式,让农户更多分享加工销售收益,切实提高其在产业乡村振兴中的引领带动能力。要鼓励建设涵盖良种示范、农机作业、抗旱排涝、统防统治、农资配送、农产品销售等服务的多元化、多类型农民专业合作社,发挥农民合作组织的统领作用。

在培育新型农业经营主体带头人的同时,要着力抓好新型职业农民培育和跟踪服务,实现培育目标精准、培育机制长效。要通过农业职业教育和培训,提高新型农业经营主体带头人的生产技能和经营管理水平;围绕产业乡村振兴项目,对建档立卡生活困难家庭开展有针对性的种养、加工等方面的技术培训。培训内容要对接产业发展和岗位要求,实行专题化、系统化培训,有效提高贫困农民的职业技能水平,确保培育对象"学得到、带得走、用得上、脱得贫、致得富"。要围绕补齐经营管理和市场营销等传统农民培训中的短板,通过精心培育、长效管理、大力扶持,让新型职业农民真正成为发展现代农业、推进产业乡村振兴的主力军和生力军。

第三章 培育新型农业经营主体带头人的策略

第一节 新型农业带头人培育的关键任务

一、提升农业经营管理能力

(一)加强农业经营管理知识培训

新型农业带头人首先需要具备扎实的农业经营管理能力。农业生产不仅仅是土地的耕种,更涉及市场、财务、项目管理等多方面内容。带头人需要具备现代化农业管理体系的理解和运用技能,包括财务管理、市场分析、供应链管理等技能。通过系统的培训和实践,带头人可以增强在农业生产中的决策能力和执行力,提高农业企业的管理水平。

(二)推动规模化与集约化经营

随着农业农村现代化的推进,单个农户的小规模经营方式已经难以适应市场的需求。新型农业带头人应具备推动农业规模化、集约化经营的能力,带领农民开展合作社经营、家庭农场等集体化经营模式,从而提高生产效率,降低生产成本,提升农民整体收入。规模化经营能够促进资源的集中配置,提高农业经营的效益和市场竞争力。

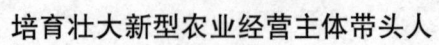

二、培养科技创新能力

（一）引进和应用农业科技

现代农业的核心在于科技创新。新型农业带头人必须具备引进和应用先进农业科技的能力，包括精准农业技术、智能灌溉系统、无人机作业等。这些技术不仅能够提高农业生产的效率，减少资源的浪费，还能降低农业对环境的负面影响，推动农业的可持续发展。带头人还需积极与科研机构合作，推动农业科研成果转化为生产力，助力农业农村现代化。

（二）推动绿色与环保农业技术应用

随着生态环境问题的日益严重，绿色环保农业已经成为农业发展的必然趋势。新型农业带头人应积极推动绿色农业技术的应用，包括有机农业、生态养殖、节水灌溉技术等。通过实施绿色农业技术，既能保护生态环境，又能提高农产品的品质，满足市场对绿色、有机食品的需求，促进农业的可持续发展。

三、强化市场运作和品牌建设

（一）强化农产品市场运作能力

新型农业带头人应具备强大的市场分析和运作能力。带头人需要密切关注市场变化和消费者需求，掌握市场趋势，通过精准的市场预测、灵活的销售策略以及有效的渠道拓展，帮助农民降低市场风险，实现农产品的稳定销售。此外，带头人还应利用电子商务、冷链物流等现代手段，拓展线上线下的销售渠道，提升农产品的市场占有率。

（二）推动农产品品牌建设

农产品的品牌化已成为提升市场竞争力的关键。新型农业带头人应致力于农产品品牌的打造，通过提升产品质量、完善售后

第三章 培育新型农业经营主体带头人的策略

服务、创新包装等手段,创建具有地方特色和高附加值的农产品品牌。通过品牌建设,农民不仅能够获得更高的产品附加值,也能够提升农产品的市场认知度和美誉度,增强市场竞争力。

四、推动农业与乡村旅游、文化产业的融合发展

(一) 发展农业与乡村旅游融合的模式

新型农业带头人不仅要关注农业生产,还需要探索农业与乡村旅游、休闲农业的融合。通过开展农业观光、农事体验等活动,带头人能够将农业资源转化为旅游资源,推动农村经济的发展。农业旅游不仅能增加农民收入,还能促进农村基础设施的改善,推动乡村经济的多元化发展。

(二) 推动农村文化产业发展

乡村振兴不仅是经济发展,更要注重文化建设。新型农业带头人可以通过发展乡村文化产业,将农耕文化、传统手工艺和乡土特色相结合,创造具有地域特色的文化产品,推动乡村文化的传承和创新。带头人应通过举办乡村文化节、民俗表演等活动,吸引游客,提升乡村的文化魅力和经济效益。

五、提升农民收入和社会保障水平

(一) 帮助农民增加收入

新型农业带头人应致力于增加农民的收入,主要通过提高农业生产效率、引进优质农产品、提升技术水平等手段,带领农民实现增产增收。此外,带头人还应推动农业产业多元化发展,探索新型产业,如乡村旅游、生态养殖等,为农民提供更多的收入来源。

(二) 完善农民社会保障体系

新型农业带头人应关注农民的社会保障问题,推动农村社会

保障体系的完善。例如，带头人可以通过合作社等集体经济组织，为农民提供养老保险、医疗保险等保障，提升农民的安全感和幸福感。通过强化社会保障措施，为农民提供更好的生活保障，增强他们的社会认同感。

六、强化乡村社会治理与服务能力

（一）推动乡村治理体系创新

新型农业带头人应参与乡村治理体系的创新，推动乡村社会管理的现代化，强化基层组织的建设，提升乡村治理的能力和水平。带头人应参与乡村民主治理和法治建设，增强乡村的社会凝聚力和向心力。

（二）加强乡村公共服务建设

带头人还应参与乡村公共服务体系的建设，推动教育、医疗、交通等基础设施的完善。通过改善农村的基础设施和公共服务，提高农民的生活质量，为乡村振兴提供有力支撑。

第二节 带头人培育中的政策支持与资源整合

一、政策支持

（一）政府的政策扶持

政府在培育新型农业带头人方面起着至关重要的作用，首先通过制定一系列优惠政策和实施各类扶持措施，创造有利的政策环境，帮助农业带头人迅速成长。具体来说，政府可以提供以下政策支持。

资金补助和贷款支持。政府应为新型农业带头人提供资金扶持，包括项目资金、发展资金、农业贷款等。在农民合作社或农

业企业成立初期，可以通过财政补助、无息贷款、税收减免等政策帮助带头人解决资金短缺的问题。

税收优惠政策。对农业带头人和农业合作社等新型农业主体，政府可以给予税收优惠，如减免部分税费或给予生产、销售环节的税收补贴，以降低经营成本，提高生产积极性。

技术支持与培训。政府可通过农业技术推广服务，提供培训和咨询服务，帮助带头人掌握现代农业的技术和管理知识。特别是对于农业高科技的引进与应用，政府可以在政策层面给予资金支持和技术培训，推动技术转化。

土地流转政策。土地是农业生产的核心资源，政府应通过土地流转政策，鼓励农民将土地流转给农业带头人或合作社，从而集中土地资源开展规模化、集约化经营，推动农业生产模式的现代化。

(二) 加强农民合作社与农业企业的支持

农民合作社和农业企业是新型农业带头人发展的载体，政府应为这些组织提供政策支持。包括以下内容。

政策引导和组织支持。鼓励和支持农民合作社和农业企业发展，提供政策引导，帮助其实现规模化经营，带动周边农户共同发展。

创新补助和示范项目。政府可设立农业合作社发展专项基金，针对示范项目进行奖励和补贴，帮助合作社通过创新实践成为乡村振兴的示范带头力量。

(三) 完善社会保障政策

社会保障是新型农业带头人和农民发展的基础保障，政府应逐步完善社会保障体系，特别是农村社会保障方面。带头人可以通过参与社会保障体系的建设，确保农民的基本生活保障和社会保障，如养老保险、医疗保险等，提高农村居民的社会安全感。

二、资源整合

（一）资金整合

农业发展需要大量的资金投入，带头人培育和农业发展的持续推进离不开资金的支持。资金整合包括以下内容。

第一，金融机构合作。金融机构应为新型农业带头人提供低利率、长期的贷款支持。政府可以通过政策引导，促进银行等金融机构与农业带头人的合作，提供农业信贷、专项资金等，解决带头人和合作社资金缺乏的问题。

第二，社会资金投入。除了政府资金外，社会资金的引入也是农业带头人培育和乡村振兴的重要途径。社会资金可以通过合作社、农业基金等形式参与农业投资，为新型农业带头人的项目和创新提供资金支持。

（二）技术与人才资源整合

农业科技是提升农业生产力和农业带头人竞争力的重要基础。整合技术资源、推动人才引进和技术服务可以有效提升带头人的科技水平和管理能力。

科技创新平台建设。加强农业科研机构、企业和带头人之间的合作，推动农业科技成果的转化，特别是精准农业、信息技术、生态农业等技术的引入，助力农业农村现代化。

人才引进和培训。通过政府与高校、农业科研机构的合作，引进技术人才和管理人才。带头人应具备良好的农业生产技术和经营管理能力，因此，农业高校和培训机构的支持至关重要，定期举办培训班和学习交流活动，帮助带头人提升自身能力。

农业技术服务体系建设。各类农业服务平台和农业技术推广机构应为带头人提供技术支持与服务。通过提供精准农业技术、机械化服务、病虫害防治等技术服务，帮助带头人提升农业生产效率。

（三）市场资源整合

市场是农业发展的重要环节，带头人不仅要提高农业生产效益，还需通过有效的市场运作实现产品销售。市场资源整合的方式包括以下内容。

建立农产品供应链。通过建设从生产到销售的完整供应链，整合市场信息、生产资源和销售渠道，帮助带头人有效开拓市场。尤其是电子商务平台的发展，可以帮助农业产品拓宽销售渠道，降低市场风险。

合作伙伴关系的建立。新型农业带头人应通过合作社、农业企业、供应链公司等建立合作关系，提升销售渠道的稳定性和产品的市场竞争力。合作社和农企可以共同推动产品品牌建设，提高产品附加值。

（四）政策与资源的协同整合

政策支持与资源整合需要在政府、社会组织、企业等多方的共同推动下形成合力。政府、金融机构、农业技术服务部门、社会资金以及农民自身应通力合作，形成完善的支持系统，助力农业带头人提升其能力，推动乡村振兴目标的实现。

第三节　通过产学研合作培育带头人的路径

通过产学研合作培育新型农业带头人，是推动乡村振兴、农业农村现代化和提高农业生产效益的重要途径之一。产学研合作可以充分发挥产业、学术和研究机构的优势，整合资源，促进农业带头人的多维度培养。具体路径可以从以下几个方面展开。

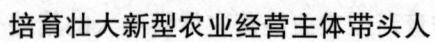

一、构建产学研合作的多方平台

（一）农业企业与高校合作

1. 建立产学研合作基地

通过与高校和科研机构的合作，农业企业可以建设产学研一体化的创新平台，设立农业实验室、研发中心，推动科技成果的转化。

2. 定期技术交流

定期举办技术研讨会和培训班，邀请高校的科研人员为农业带头人提供前沿的农业技术指导，提升其技术水平。

（二）农业合作社与研究院所合作

1. 定制化技术支持

研究院所根据合作社的实际需求，定制个性化的技术支持方案，如种植技术、病虫害防治技术、精准农业等，帮助合作社提升生产效益。

2. 双向合作

研究院所不仅为农业带头人提供技术支持，还能通过与合作社的合作，获取一线数据和反馈，推动农业技术的持续创新。

（三）政府推动产学研融合

1. 政府主办的产学研合作项目

政府可以主办或资助产学研合作项目，尤其是在农业技术推广、农业智能化、农业产业化等领域，促进农业带头人从中受益。

2. 政策引导

通过政策引导农业带头人参与到产学研合作项目中，提供税收优惠、资金补助等政策，降低合作门槛，激发带头人的创新活力。

二、加强农业带头人的科技创新能力

(一) 技术培训与能力提升

1. 定期培训

通过与农业院校或科研机构合作,定期为农业带头人举办农业科技培训班,内容包括新技术的应用、智能农业、农业大数据、精准农业等。

2. 实践示范

建立农业科技示范基地,邀请带头人参观学习并参与实际操作,帮助其更好地理解和应用先进的农业技术。

(二) 技术成果转化与推广

1. 科技成果转化基地

科研机构与农业合作社、农业企业共建科技成果转化基地,将创新技术与实践结合,为带头人提供实时的技术支持。

2. 技术推广和应用

通过农业企业和科研机构的合作,推广先进技术,帮助带头人实现技术的落地应用,并根据市场需求不断优化技术。

三、推动农业带头人与农民的协同发展

(一) 示范引领与集体带动

1. 示范基地建设

通过合作社或企业与科研机构的合作,共同建设农业示范基地,供周边农民参观学习,提升农民的技术水平。

2. 技术推广与集体培训

农业带头人可以组织农民开展技术培训和交流,帮助农民掌握新技术、提高生产效率。

(二) 政策支持与集体福利

1. 合作社支持

带头人可以通过与政策机构的合作,推动农业合作社的发展,争取政策补贴和福利措施,帮助农民实现集体增收。

2. 社会保障和福利制度

农业带头人可以与政府、企业等合作,推动农村社会保障和福利制度的建设,为农民提供更好的保障。

第四节 基于产业链的带头人能力提升策略

一、提升农业带头人的产业链管理和技术应用能力

在现代农业中,技术创新和管理能力是推动产业链高效运转的核心力量。农业带头人需要具备相应的技术应用和管理能力,以提升产业链各环节的效率。

(一) 农业生产环节的技术管理能力

1. 技术培训与学习

带头人需要定期参加农业技术培训,了解最新的农业技术动态,掌握行业发展的趋势。通过专业机构和农业科技公司,带头人可以不断提升自己对新技术的理解和应用能力。

2. 实践试验与示范

通过实际的技术试验和示范,带头人可以将新技术的应用落地,验证其效果并根据实际情况进行调整。在农场中设立试验区,采用智能化管理、精准农业等技术,作为示范基地,带动周围农民共同学习和应用。

3. 设施投资与升级

带头人应投资现代化设施,如智能温室、自动化灌溉系统等,提升生产的自动化和精细化水平。这不仅能提高生产效率,

还能实现节能减排，推动农业的绿色发展。通过引进自动化设备，减少人工成本，同时提高生产过程的标准化和稳定性。

（二）农业加工环节的技术创新和优化

1. 产学研合作

带头人应积极推动与科研机构、大学的合作，借助外部力量引入先进的加工技术。例如，与食品加工领域的专家合作，引入先进的保鲜、脱水、冷冻等技术，提升农产品的加工能力和附加值。通过产学研合作，不仅能提升加工技术，还能开拓新的市场和农产品品类。

2. 技术培训和现场指导

带头人还应定期为农民和加工企业举办技术培训，帮助他们掌握现代化加工技术，如先进的冷链物流技术、自动化加工设备等。通过培训，提高农民和企业的技术水平，推动整体产业的升级。

3. 多元化加工模式

探索多元化的农产品加工模式，如冷链物流、即食食品、健康食品等，为农产品开辟更多的市场空间。通过优化加工流程、提升产品品质，增强市场竞争力。同时，可以考虑出口市场，推动地方特色农产品的品牌化和国际化。

二、推动产业链的绿色发展与可持续性

在推动产业链高效运作的同时，带头人应注重农业的可持续性发展，通过引导农民发展绿色环保农业，减少环境污染，促进生态农业和绿色农业的发展。

（一）绿色农业技术的引进与应用

1. 推广使用生物肥料与天然农药

生物肥料和天然农药是绿色农业的基础产品，具有低毒性、环境友好的特点。带头人应鼓励农民使用这些环保产品，减少对

化学品的依赖。通过生物肥料促进土壤微生物的繁殖,增强土壤肥力,提高农作物的生长质量。同时,天然农药可有效减少对环境的污染,降低农药残留的风险。

2. 应用精准农业技术

精准农业通过信息化手段对农业生产进行精细化管理,带头人应推动精准农业技术的应用,包括土壤监测、环境感应技术、无人机喷洒等。精准施肥和精准灌溉技术不仅能够减少化学肥料、农药的使用和水资源的浪费,还能有效降低环境污染,提升农业生产效率。带头人应通过培训农民和农业企业,使其掌握精准农业技术,实现农业生产的高效与环保双赢。

3. 发展有机农业认证

有机农业认证不仅能提高农产品的品质和市场竞争力,还能增强农业生产的环保性。带头人应鼓励农民和合作社申请有机认证,并通过宣传教育普及有机农业的优势,如无化学添加、提高土壤健康等,提升消费者对有机产品的认知度。通过认证获得的市场溢价也能够帮助农民提高收入,推动农业的绿色转型。

(二)循环农业与农业废弃物利用

1. 推广农业废弃物回收利用技术

农业废弃物,如秸秆、农膜、畜禽粪便等,通常被认为是农业生产的副产品,处理不当会对环境造成污染。带头人应推动秸秆还田技术的普及,利用秸秆改良土壤、提供有机肥料,减少化学肥料的依赖;同时,推动农膜回收技术应用,减少白色污染。通过对废弃物科学的管理和回收处理,将废弃物转化为资源,减少农业废弃物对环境的负担。

2. 推动循环农业的发展

循环农业强调农业生产与生态环境的和谐共生,带头人应推动农业废弃物的资源化利用,如将农畜废弃物作为有机肥料,推动农业废弃物转化为能源或其他可再生资源。通过这种循环利用,既能减少废弃物的排放,降低环境污染,又能提升农业生产的资源利用效率。例如,通过有机肥的使用,提高土壤的肥力,增加作物的产量;通过利用农业废弃物生产生物能源,减少对化石能源的依赖。

3. 优化农业废弃物的处理体系

带头人应协助农民建立科学的农业废弃物处理体系,将废弃物的处理和资源利用纳入日常管理。在农业生产过程中,应重点关注废弃物的源头减量、分类处理和循环利用,从源头上减少废弃物的产生,优化处理过程,提高资源利用率。

第四章 专业大户的典型经验与升级路径

第一节 专业大户的经营模式及内涵特征

一、专业大户的概念

专业大户，是指在种植、养殖生产规模上明显大于传统分散经营农户，具有较强的经营管理能力，承包的土地达到一定规模，具有一定专业化水平，以市场需求为导向的从事专业化生产的农户。专业大户以家庭劳动力和基本的农业生产工具为主，利用社会化服务进行运营。专业大户的经济利益与其经营状况直接关联，克服了经营规模太小的弱点，同时保留了家庭经营的优点，能够充分发挥农民的生产积极性。

二、专业大户的标准

（一）粮棉油种植大户

规模标准，经营耕地面积100亩及以上。

生产标准，耕种收全部实现机械化，标准化生产和高产栽培技术应用面积、作物优种率均达到100%以上，有仓储设备设施，商品粮率85%以上。

质量安全标准，使用有机肥等生物质肥料，绿色、有机、地理标志农产品生产面积占播种面积80%以上，农产品质量符合国家质量标准。

第四章 专业大户的典型经验与升级路径

(二) 蔬菜种植（食用菌栽培）大户

规模标准，露地蔬菜集中成片经营面积 50 亩以上，设施棚室蔬菜集中成片经营 30 亩以上，食用菌年栽培规模 10000～50000 袋。

质量安全标准，按照绿色、有机、地理标志农产品生产技术规程实行标准化生产，产地环境检测合格，产品符合绿色或有机食品要求。

(三) 畜牧业养殖大户

规模标准，生猪常年存栏 1000 头以上，奶牛存栏 300 头以上，蛋鸡存栏 1 万只以上，肉鸡年出栏 5 万只以上，肉牛年出栏 500 头以上，肉羊年出栏 500 只以上。

生产标准，取得动物防疫条件合格证和畜禽养殖代码，在县（市）区畜牧兽医行政主管部门备案，按照有关要求建立规范的养殖档案。

质量安全标准，场区有污染治理措施，完成农牧、环保的节能减排改造。

(四) 水产养殖大户

规模标准，建成池塘养殖面积 60 亩以上；温棚、工厂化车间等养殖设施面积 3000 平方米以上；海水标准化深水网箱养殖 200 箱或 3000 平方米以上；其他养殖方式水产品年产量 200 吨以上。

生产标准，持有水域滩涂养殖证，工厂化养殖场同时有土地使用证或土地租赁合同；全程无使用禁用药品行为；生产操作规范化，有水产养殖生产、用药和水产品销售记录；名特优养殖品种率 70% 以上。

(五) 农机大户

拥有 80 千瓦以上大中型动力机械和配套机具，固定资产总值 20 万元以上，从事农机作业社会化服务，年农机服务纯收入 5 万元以上，农机服务纯收入占家庭年纯收入 50% 以上；农业机械科技含量高、能耗低。

（六）造林大户

规模标准，山区造林面积不少于 600 亩，平原造林面积不少于 400 亩。工程造林苗木栽培面积不少于 200 亩，园林绿化苗木栽培面积不少于 100 亩，设施花卉栽培净面积不少于 7000 平方米。

（七）果品大户

规模标准，水果栽培面积不少于 50 亩，干果栽培面积不少于 100 亩，设施果品栽培净面积不少于 7000 平方米。

栽培管理标准，按照绿色或有机果品生产方式组织生产。

三、发展专业大户的现实意义

专业大户是从传统农户中脱颖而出的新型农业经营主体，是一种重要的、推进现代农业发展的农业经营主体，能够充分进入市场，其精力主要投入农业生产中，拥有比传统农户更强的资金和技术实力，相比之下更有文化、懂技术、会经营，有一定的市场意识、共赢意识和合作意识。

专业大户能够影响农业结构的优化调整。专业大户从事面向市场的商品化、专业化、规模化农产品商品生产，具有企业家精神；同时可以吸收碎化土地，加快农村土地流转。

专业大户能够优化耕地资源的配置效率，有效解决耕地抛荒和半抛荒的状况。专业大户流转土地的方式和期限相对更加灵活，规模一般有限，能够较好地适应当前农民人多地少和农民非农就业不稳定的实际状况。专业大户流转土地后也都种植农作物，不会影响粮食安全，而且在一定程度上实现了农业的机械化、科技化和专业化。

第四章 专业大户的典型经验与升级路径

第二节 养殖大户的可持续管理模式

一、养殖业生产管理的特点

养殖业生产，是指所有牲畜、家禽饲养业和渔业生产，主要提供肉、蛋、奶及水产品；为轻工业提供毛、皮等原料；为外贸提供出口物。养殖业的发展对改善人们的食物构成，提高人们的生活质量具有重要的意义。

根据生产对象的饲养特点和动物性产品的消费特性，可将养殖专业大户划分为四大类型。

第一类，以牲畜为生产对象。包括养牛、马、猪、羊、兔等，这类专业大户的产品主要是肉、皮、毛、乳等。

第二类，以禽类动物为生产对象。包括养鸡、鸭、鹅、火鸡、鹌鹑等，这类专业大户的主要产品是肉、蛋、毛等。

第三类，以水生动物为生产对象。包括养鱼、虾、贝类、蟹、水生藻类、贝养珍珠等。这类专业大户的主要产品是水生动物的肉、寄生物等。

第四类，以虫类动物为生产对象。包括养蜂、蚕、蚯蚓、蝎等。这类专业大户的主要产品是虫类的蜜、丝、皮、全身等，还有重要的制药原料等。

由于养殖业包括的内容繁多，这里只以养殖畜、禽类动物的专业大户为例，介绍养殖业生产专业大户的管理及其方法。

(一) 养殖业的生产特点

1. 养殖业生产对象是有生命的动物

养殖业的自然再生产和经济再生产交织在一起的基本特点，要求专业大户不但要按自然规律组织生产活动，同时还要求专业大户按照经济规律进行生产管理，以取得良好的经济效益和生态

效益。

2. 养殖业生产的转化性

养殖业将植物能转化为动物能。饲料在生产成本中占有很大的比重,养殖业生产管理的主要任务之一是提高饲料(或饵料)转化率。

3. 养殖业生产的周期长

养殖业生产周期一般较长,在整个生产周期中要投入大量的劳动力和资金,只有在生产周期结束时才能获得收入,实现资金的回收。从生产时间分析,例如奶牛有高产期、低产期和干乳期,蛋鸡有产卵期和歇卵期等。因此,在生产中要求选用优良品种,采用科学饲养管理,延长生产时间,缩短生产周期,提高畜禽的产品率。

4. 养殖业生产的双重性

繁殖用的母畜、种畜、奶畜是劳动手段和生产资料,而作为肉畜、肉禽则是劳动产品和消费资料。养殖业生产既要满足社会对生活消费品的需要,又要保证专业大户自身再生产的需要,因而具有双重性特点。

5. 养殖业生产的可移动性

畜禽可以进行密集饲养、异地育肥。这样,可以克服环境等因素的不利影响,创造适合养殖业生产的良好的外部环境,以保证养殖业生产过程的顺利进行。

(二)养殖业的生产任务

养殖业生产任务是根据市场需要,结合资源环境和经济技术条件,确定合理的生产结构;采用科学的养殖方式,发展家畜、家禽、水产品养殖与培育,生产更多、更好的畜禽及水产品,以满足社会的多样化需求。

1. 确定生产结构

养殖专业大户应根据国家经济发展战略目标、市场需求状况

第四章 专业大户的典型经验与升级路径

和专业大户自身的资源条件,坚持"以一业(一品)为主,多种经营"的经营方针,因地制宜地确定畜禽生产结构。有丰富的饲草资源的地区,可以多发展牛、羊等食草畜,适当发展生猪和家禽;在广大农区,以养猪、鸡等家禽为主,有条件的可兼养牛、羊等,以充分利用农业精饲料和秸秆粗饲料等多种资源,降低生产成本。

2. 建立饲料基地

饲料是养殖业发展的物质基础。发展养殖业,提高畜禽产品和质量,其基本条件是建立相对稳定的饲料基地,保证畜禽正常的生长发育,解决"吃饱"的问题;同时,要发展饲料加工业,生产各种配合饲料和添加剂,提高饲料质量,满足各种畜禽、鱼虾等各个生长期的多种营养需求,解决"吃好"的问题。

3. 提供优质产品

动物品种的优劣,关系到植物饲料的转化率和产品的生产率。因此,养殖业生产的重要任务之一,就是要不断引进和培育优良品种,实施标准化生产,提高畜禽产品和水产品的内在品质,为社会提供更多的优质产品。

(三)养殖业的生产组织与管理

1. 饲料组织与利用

饲料的种类、数量、质量对养殖业发展有直接的制约作用。

(1)广开饲料来源

一是充分利用饲料基地的资源供给;二是合理利用天然饲料资源,以利于就地取材,提供部分饲料,降低饲料成本。

(2)做好饲料供需平衡

饲料的数量和质量,决定养殖业的种类和规模,因此,要做好饲料供需平衡工作。既要科学地预测各种饲料的需求量,又要积极组织饲料来源,在挖掘饲料潜力基础上,做好饲料供需平衡工作。具体方法,可通过编制平衡表来实现饲料供需的计划性。

(3) 合理利用饲料资源

饲料是养殖生产的主要原料，饲料组合方式和饲料投入量，与畜禽、鱼虾的生长、发育及其产品形成有着密切的关系。在畜禽、鱼虾生长发育过程中，不同种类、品种，以及同一品种的不同发育阶段，需要不同的营养成分。因此，养殖业生产，要改"收什么，喂什么"的传统饲养方式为"喂什么，收什么"，科学地利用、配合精饲料喂养，以利于降低料肉比。

2. 饲料管理与规范

(1) 规范饲料管理制度

规范饲料管理制度包括：①饲养管理标准化制度，如喂养制度、饲料供应制度、良种繁育和推广制度、防疫卫生制度等。②饲养管理责任制度，即责权利制度，包括岗位责任制、定额计件责任制、喂养承包责任制、综合承包责任制等。

(2) 重视引进和改良品种

扩大优良品种的繁育和推广，提高优良品种率，是提高畜禽产品和水产品产量和质量的关键。在引进优良品种的同时，应加强技术管理，防止品种退化，稳定产品质量。

(3) 实行标准化生产运作

即按科学化管理要求，对畜禽逐步实行按性别、用途、年龄分组、分类的管理，合理确定不同组别的技术经济标准、饲料配方、饲养方法和饲养管理标准，以提高饲养生产管理水平。

(4) 适度扩大饲养规模

根据生产发展水平和市场需求状况，适度扩大饲养规模，提高饲养机械化水平，逐步实施专业化养殖，以实现规模经济效益。

第四章 专业大户的典型经验与升级路径

二、专业化养殖场生产管理

(一) 专业化养猪场生产管理

从养猪场类型来看,可分为如下几类:第一类,包括繁殖、育肥在内的自繁、自育的猪场;第二类,只进行繁殖、销售仔猪的猪场;第三类,购买仔猪进行育肥的猪场。下面以自繁、自育的猪场为例,阐述工厂化养猪的生产管理。

1. 仔猪选留

(1) 猪的生物学特性和经济类型

从生物学角度看,猪性成熟早、繁殖率高、生长速度快、饲养成本低、屠宰率高。一般情况下,猪的屠宰率为60%~75%,而牛为50%~60%,羊为40%~50%。猪的经济类型按其生产性能、肉脂品质等特点,可分为脂肪型、瘦肉型、兼用型。脂肪型的猪,其特点是脂肪多,一般占胴体的55%~60%,瘦肉占30%左右。瘦肉型猪也叫腌肉型猪,瘦肉占胴体的55%~60%,脂肪占30%左右。肉脂兼用型,胴体中肥瘦肉所占比例大体相等。

(2) 猪的选种和育肥仔猪的选择

①猪的选种。一是根据猪群的总体水平进行选种,如猪的体质外形、生长发育、产仔数、初生重、疫病情况等。二是根据猪的个体品质进行选种,主要从经济类型、生产性能、生长发育和体质外形等方面进行。

②育肥仔猪的选择。一是从品种方面,选择改良猪种和杂交猪种,因为它们比一般猪种生长发育快。二是从个体方面,选择体大健康、行动活泼、尾摆有力的个体。

2. 饲料利用

(1) 猪饲料的选用

即根据猪饲料的特点以及猪在不同月龄、不同发育阶段的营养需要,选择适当的饲料进行饲养。小猪生长发育旺盛,但胃肠容量小，消化机能弱，可选择易消化、营养丰富且含纤维素少的高能量、高蛋白饲料。种猪消化器官已充分发育，胃肠容量较大，在这个阶段，为满足其骨骼和肌肉的生长，可以较多地喂些粗饲料和青饲料。催肥猪骨骼和肌肉生长已趋缓慢，脂肪沉积加强，此时，则应多喂含淀粉较多的配合饲料。

（2）饲料报酬的分析

饲料是养殖业生产的主要原材料，饲料组合和饲料投入量与畜禽生长、发育和畜产品形成均有极为密切的关系。各种畜禽生长、发育及其形成的畜产品，均有它自己特有的规律，而且其饲料转化比也不尽相同。因此，针对不同的养殖对象，研制出不同的最低成本饲料配合方案，以提高饲料边际投入，获得最大的产出效益。饲料报酬一般使用以下计算公式。

$$饲料转化率（\%）=\frac{畜产品增重（千克）}{饲料消耗量（千克）}\times 100$$

$$料肉比=\frac{饲料消耗量（千克）}{畜产品增重（千克）}$$

由于饲料和畜产品的种类很多，各种饲料的营养成分差别很大，很难直接评价其利用率的高低。因此，通常把各种畜产品产量和所消耗的饲料量换算成能量单位（焦耳），用饲料转化率指标来评价。

饲料转化率的高低反映了养殖业生产水平的高低，若饲料转化率高，则表明饲料利用充分，畜产品成本低，经济效益好，养殖业生产水平高。

3. 猪的饲养管理

仔猪饲养的基本要求是"全活全壮"，出生后一周内的仔猪，着重抓好成活。一是做好防寒保暖等护理工作；二是做好饲养工作，日粮以精饲料为主，饲料多样化。同时，要及时给母猪补饲，以免影响仔猪的成活。

育肥猪的饲养，其育肥的基本要求是：日增重快，在最短的

第四章 专业大户的典型经验与升级路径

时间内,消耗最少的饲料与人工,生产品质优良的肉产品。一般育肥方法有两种:一是阶段育肥法,即根据猪的生长规律,把整个育肥期划分成小猪、架子猪、催肥猪等几个阶段,依据"小猪长皮、中猪长骨、大猪长肉、肥猪长膘"的生长发育特点,采取不同的日粮配合。在最后催肥阶段,除加大精饲料量外,尽量选用青粗饲料。这种方法的优点是:精饲料用量少,育肥时间长,一般在饲料条件差的情况下采用。二是直线育肥法,即根据各个生长发育阶段的特点和营养需要,从育肥开始到结束,始终保持较高的营养水平和增重率。此法育肥期短、周转快、增重多、经济效益好。

(二) 专业化养鸡场生产管理

1. 养鸡场的种类

现代化的养鸡场已发展成为专业化、系列化、大规模的生产专业大户,根据不同的经营方向和生产任务,可分为专业化养鸡场和综合性养鸡场两种。

(1) 专业化养鸡场

①种鸡场。种鸡场的主要任务是:培养、繁殖优良鸡种,向社会提供种蛋和种雏。这类鸡场对提高养鸡业的生产水平起着重要作用。

②肉鸡场。是专门提供肉用仔鸡的商品化鸡场,为社会提供肉用鸡。

③蛋鸡场。专门饲养商品蛋鸡,向社会提供食用鸡蛋和淘汰母鸡。

(2) 综合性养鸡场

综合性养鸡场集供应、生产、加工、销售于一体,生产规模大、经营项目多、集约化程度较高,形成联合专业大户体系,是商品化养鸡业发展到一定阶段的产物。这种现代化养鸡场一般设有饲料厂、祖代鸡场、父母代鸡场、孵化厂、商品鸡场、屠宰加

培育壮大新型农业经营主体带头人

工厂等,为社会提供种鸡、种雏、商品鸡、分割鸡肉等产品,销往国内外市场。

2. 饲养管理方式

喂饲是养鸡场最基本、最经常、最大量的生产工作。其要求:一是使鸡群得到良好的照管和喂饲,保证鸡群健康生长发育,提供大量的产品;二是节约饲料费用以及在喂饲方面的劳动消耗,不断提高饲料报酬率和劳动生产率,降低生产成本。

(1) 饲养技术方式

饲养技术方式主要有平养和笼养两种。

①平养。又可分为地上平养、棚条平养、网上平养等方式。地上平养,即在鸡舍地面上铺上垫料(锯末、砂土等),使鸡在垫料上自由活动采食。这种方式简便易行,投资少,但饲养密度低,一般每平方米养肉鸡8~10只、蛋鸡4~6只。棚条平养,即在鸡舍地面上一定高度用柳条或竹竿等铺架一层漏缝地板,把鸡养在棚条上。其优点是鸡床干燥,比较卫生,能就地取材,投资成本低,这种方式一般每平方米可养肉鸡11~15只,蛋鸡7~9只。网上平养,是以金属网代替棚条做鸡床,虽然比较耐用,但投资较大。

②笼养。鸡群笼养是现代化养鸡的主要方式,按饲养工艺可分为开放式与密封式两种。开放式笼养,是以自然光照、自然通风换气为主;密封式笼养,是建造可以人工控制环境的鸡舍,使鸡舍保持一定温湿度和光照。笼养可以提高饲养密度和单位面积养鸡量,便于集中管理,减轻劳动强度,减少鸡群感染疾病的机会,提高集约化水平。但技术要求高,投资大,具备一定条件的养鸡场才能运用。

(2) 饲养管理方式

饲养方式确定后,就要进行相应的劳动管理。即合理的劳动分工和人员配备,以保证正常喂饲工作的进行。养鸡场每天的喂

第四章 专业大户的典型经验与升级路径

饲工作包括一系列操作活动,这些操作是由不同工种的工人分工协作完成的。在专业化养鸡场中,饲养人员一般按鸡舍或鸡栏编组,分管一定数量的鸡群,以保证喂饲工作正常进行。

3. 养鸡场环境的控制

养鸡场环境,一般是对养鸡生产造成影响的多种外界因素的统称,包括养鸡场所处地域、养鸡场的设施装备、鸡舍内小气候和饲养密度等条件。

(1) 场址选择

养鸡场是一座生物工厂,为保证鸡的健康生长,要做到以下几点:一是寻找空气新鲜、无病原菌污染的地方;二是有充足可靠的水源,最好是自来水或深井水;三是交通运输便利,包括陆运、空运;四是电力供应充足,要保证孵化、育雏、育成、产蛋舍的动力,以及饲养加工、抽水、照明等需求。

(2) 温度控制

最适宜的温度是 18.3~23.5℃,一般在 13~29℃。高温会使蛋鸡饮水量增加、呼吸加快、体温升高、血钙含量下降,导致蛋壳变薄、鸡体重减轻、产蛋量减少、蛋的质量下降等。因此,炎热的夏季应设法降温,注意鸡舍屋顶的隔热性,加大通风量;在冬季要注意增温,晚上的喂料可以添加一些油脂,以增加热量,提高鸡的御寒能力。

(3) 光照控制

产蛋鸡每天光照时间超过 11~12 小时,就能增加产蛋量,达到 14 小时后增产效果更为显著,一般规定产蛋期每天光照时间为 16 小时。但是光照的时间达到或超过 17 小时,对产蛋反而不利。光照变化的刺激作用一般在 10 天以后才能见效,所以从育成鸡光照程序改为产蛋鸡光照程序的适宜时间应在 20 周龄时开始,同时要相应改变饲料配方和增加给料量。延长光照时间通常采用 3 种方式:一是早晨补充光照;二是傍晚补充光照;三是早

上和傍晚都补充光照。

（4）换气通风

由于鸡生长发育过程中要排泄粪便，吸入氧气，呼出二氧化碳，一般鸡舍有害气体较多，主要是氨、硫化氢和二氧化碳。因而，鸡舍的平面布置应根据饲养工艺、饲养阶段、喂料的机械化程度、清粪方式、通风设施等全盘考虑，使鸡舍有足够的新鲜空气，增加氧含量。

4. 疫病防治

在集约化生产条件下，组织严格的疫病防治是保证鸡群健康成长，获得高产、高效益的重要措施。为此，要贯彻"预防为主"的方针，严格卫生防疫制度，实行预防接种，及时扑灭疫病，为鸡的健康成长创造良好的环境。为此主要做好以下工作。

（1）加强饲养管理，搞好清洁卫生

经常保持良好的鸡舍环境，饲养人员要搞好个人卫生，保持鸡体、饲料、饮水、食具及垫料干净，及时清除粪便，非饲养人员一律不得进入鸡舍。

（2）坚持消毒制度，定期接种疫苗

消毒是杜绝一切传染病来源的重要措施，消毒可采用机械消毒、物理消毒和化学消毒等方法，实行经常性消毒、定期消毒和突击消毒相结合。为了防止疫病的发生，可以根据所在地区鸡传染病种类和毒型，结合本场具体情况，制定免疫程序，定期进行各种疫苗的预防接种。

（3）尽早发现疫情，及时扑灭疫病

鸡场一旦发生传染病或疑似传染病时，必须遵循"早、快、严"的原则，及时诊断，尽快扑灭，对病鸡实行严格隔离，对健康的鸡要进行疫苗接种和疾病防治，对病重的鸡要坚决淘汰，死鸡的尸体、粪便及垫料等运往指定地点焚烧或深埋。

5. 养鸡生产的周转

养鸡生产经过一个生产周期进入另一个生产周期，这种转换

称为生产周转。其方式一般有两种。

(1)"全进-全出"制方式

即指一个鸡场饲养同日龄的鸡群,一起进场,在生产期满后一起出场。这种周转方式,一是可以最大限度地利用鸡的最佳生长时期,获得高产、高效益。二是可以组织严格的防疫。这种方式能最大限度地消灭场内的病原体,避免各种传染病的循环感染,也能使免疫接种的鸡群获得一致的免疫力。肉鸡生产多数采用这种周转制度。

(2)再利用方式

再利用方式是蛋鸡特有的周转方式,即在蛋鸡产蛋 1 周期后,通过强制换羽,使产蛋鸡休产一个时期,再进行第二个产蛋期的利用。有的还要进行第二次强制换羽进入第三个产蛋期。

第三节 专业大户的政策扶持与金融服务

一、促进粮食生产的政策

(1)新增补贴向粮食等重要农产品、新型农业经营主体、主产区倾斜政策。用于支持粮食适度规模经营,重点向专业大户、家庭农场和农民合作社倾斜。

(2)小麦、水稻最低收购价政策。为保护农民利益,防止"谷贱伤农",2015 年国家继续在粮食主产区实行最低收购价政策。

(3)产粮大县奖励政策。对常规产粮大县、五年平均粮食产量或商品量分别列全国前 100 名的产粮大县和 13 个粮食主产区的前 5 位超级产粮大省给予奖励。

(4)农业防灾减灾稳产增产关键技术补助政策。在主产省实施小麦"一喷三防"全覆盖,大力推广农作物病虫害专业化统防

统治。

(5) 深入推进粮棉油糖高产创建和粮食绿色增产模式攻关支持政策。建设高产创建万亩示范片的基础上,开展粮食绿色增产模式攻关,探索在不同地力水平、不同生产条件、不同单产水平地块,同步开展高产创建和绿色增产模式攻关。

二、鼓励促进土地流转

通过土地承包经营权的流转,实现农业规模化经营。同时,将土地流转出去的农民,除了能获得既定的租金收益外,还可到出租出去的土地上打工,额外获取另一份收益。党的十八届三中全会《中共中央关于全面深化改革若干重大问题的决定》提出:"鼓励承包经营权在公开市场上向专业大户、家庭农场、农民合作社、农业企业流转,发展多种形式规模经营。""土地进行流转后,农民既有土地的收益,同时也可以到专业合作社、专业大户、农业企业内进行打工获得工资收入。这对企业和农民来说是双赢的。"

三、邮政储蓄资金支持现代农业示范区建设

为发挥示范区引领农村金融创新的作用,推动邮政储蓄银行加大示范区建设支持力度、创新服务"三农"模式,将家庭农场、专业大户、农民合作社、农业产业化龙头企业等新型农业经营主体作为重点支持对象,将发展高效生态农业产业基地作为重点支持方向,以产业链中的龙头企业为中心,促进农业产加销、贸工农一体化发展。

第四节 专业大户在农业农村现代化中的示范作用

发展农产品加工业,可以增加农产品的科技含量和附加值,

第四章 专业大户的典型经验与升级路径

是增加农民和专业大户收入的重要途径。农产品加工业具备良好的市场前景,随着科学技术的进步、农业产业结构的调整,农产品加工业在农村经济发展中将起到举足轻重的作用。

一、农产品加工业生产过程管理

农产品加工生产过程,一般分为生产准备过程、基本生产过程、辅助生产过程和生产服务过程等。

(一)生产准备过程

生产准备主要从两方面进行:一方面是硬件设施;另一方面是软件基础。

1. 硬件设施

(1)加工原料配备

加工原料的配备是加工专业大户最为繁杂又经常性的准备工作,就是各种农副产品原料的采购、运输和储备等工作。农副产品加工的主要原料包括粮、棉、油、糖、茶、肉、果、原木、药草、毛皮、各种野生动植物等,其中大多是鲜活产品,有的易腐、易损、不耐储藏。所以在生产准备工作中,应选择灵活的采购方式、采购批量、运输方式和储备方式等,以保证加工品的质量。

(2)技术工艺工作

技术工艺工作包括产品设计、工艺设计、技术图纸、工艺文件、新产品的试制等。只有不断地采用新技术、新加工工艺,坚持小批量、多品种、优质量的竞争策略,才能使专业大户在激烈的竞争中立于不败之地。

(3)生产条件供给

根据加工专业大户的生产车间、生产场地的作业面大小、设备要求,适当装配供电、供水、供气设施,以确保生产的不间断进行。

(4) 质量检验体系

农副产品的加工制品，大多数是日常生活消费品，尤其是食品类产品，其质量优劣直接影响到人们的身体健康。因而，注重产品质量是提高专业大户知名度和竞争能力的关键因素。

(5) 安全保障措施

主要是专业大户生产所必需的卫生检测、安全设备、劳动保护、消防器械等物品装置的准备。

新建的加工专业大户，还要做好工程验收以及操作工人的技术培训等产前试操作工作。

2. 软件基础

(1) 组织规章制度

组织规章制度主要是根据专业大户的生产规模、生产任务、产品特点的不同，制定相应的责任制度和规章制度。包括生产责任制、岗位责任制、安全规章等。明确专业大户内部各级生产组织和各职能部门的权利、职责和利益。

(2) 生产管理制度

生产管理制度包括劳动定额、物资储备定额、原料消耗定额、能源消耗定额等，并根据各生产单位的生产任务，将一定时期内所需要的劳动力、生产要素，通过合理配置，落实到各生产单位。

(3) 专业大户经营计划

专业大户经营计划包括年度生产财务计划、阶段作业计划、劳动用工计划、生产进度计划、原料供应计划等。

(4) 生产操作规程

总之，生产过程的准备应有科学的预见性，既要估计专业大户生产经营中可能出现的各种问题，又要预见科学技术的发展和市场需求的变化给专业大户带来的影响。因为农副产品加工业大多数属于生活资料的生产行业，具有有机构成水平低、资金周转

第四章　专业大户的典型经验与升级路径

速度快、易于吸引闲置资金的特点，是一个竞争激烈的行业。

（二）生产过程组织

生产过程，是指直接改变劳动对象的物理和化学性质，使其成为专业大户主要的产成品的直接加工、处理过程。生产过程是专业大户生产经营全过程的中心环节，代表着专业大户生产的专业化方向。

1. 生产过程组织的要求

农副产品加工业生产，是运用现代工业生产技术和管理技术，在专业分工和协作基础上，采用多种工艺方法和使用多种机器设备的复杂的生产体系。基本生产的组织，就是要结合专业大户生产技术条件、工艺性质、生产类型、生产任务量和专业大户的专业化生产方向的特点，适应市场需求和生产发展的要求，确保基本生产过程的高效运行。

（1）生产过程的连续性

即产品生产过程的各个阶段、各道工序是相互衔接、有序地进行。劳动对象在一道工序被加工、处理完以后，立即被转送到下一道工序，使之处于不间断地被加工、检验和运输状态之中。在某些产品的加工中，还要借助自然力的作用，如风干、晾晒等环节。为了确保生产过程的连续性，要通过制定周密的作业计划，使人工加工过程同自然力处理过程相互衔接，避免不合理的中断。

（2）生产过程的比例性

基本生产过程的各个组成部分，即各道工序之间保持一定的比例关系，使每道工序的作业量大致均衡。随着生产的发展、品种的扩大、新工艺的引进、新材料的运用、管理制度的健全等因素的变动，就必须对原来的比例进行适时的调整。

（3）生产过程的节奏性

即各个生产环节，在相等的时间间隔内，产出相等数量的产

品,没有时紧时松、前松后紧、突然赶工的现象。简单地说,就是各工作环节都能均衡地负荷,均衡地出产品。

(4) 生产过程的合理中断

某些农副产品加工业的某些生产工艺过程,需要借助于自然力的作用,使劳动对象发生物理或化学反应。如造酒业中的发酵过程、制药业中药草的晾晒过程等。这种变化过程的开始,即表示加工过程暂时中断,中断达到一定时间后,加工过程又重新开始。这种加工工艺特点,要求专业大户注意生产过程的合理安排,以保证生产过程的连续性。

(5) 生产过程的适应性

生产过程的适应性指专业大户生产过程适应品种变化,产品升级换代,采用新技术、新材料的能力。这对专业大户适应多变的市场需求、提高专业大户竞争能力、提高专业大户经营的稳定度是非常重要的。专业大户要提高生产过程的适应性,就必须在购置设备、制定规划中,有长远打算,不能只顾眼前;要尽量采用先进的加工技术,以生产过程的适应性提高产品对市场的适应性,从而提高专业大户的经济效益。

以上五项要求相互联系、相互制约,只有同时予以重视,才能保证基本生产过程高效有序运行。

2. 生产过程组织的形式

生产过程组织的形式,一般有大量生产、成批生产和小批量生产3种。

(1) 大量生产

在一段时间内重复生产一种或几种产品,其特点是产品的品种少,批量大,产量大,各工作场所固定地完成1~2道工序,专业化程度高。

(2) 成批生产

在一段时间内重复生产较多种产品,其特点是产品的品种不

第四章 专业大户的典型经验与升级路径

太多，每种产品都有一定的数量，生产条件比较稳定，各工作场地需负担较多的加工工序，专业化程度不高。成批生产又可根据工作场地所负担的工序多少和每种产品投入的批量大小，分为大批量生产、中批量生产和小批量生产。

（3）小批量生产

在一段时间内经常变换生产多种产品，很少重复生产同种产品。其特点是产品品种繁多，每种产品只有一件或几件，生产条件很不稳定，工作场所专业化程度很低，生产设备和技术工艺通用性强，所需的原材料多数按农副产品的收获期进行收购和加工。

3. 生产过程组织的方法

任何工业专业大户的生产过程的组织工作，都包括两个互相关联的方面，即生产过程的空间组织和时间组织。

（1）生产过程的空间组织

生产过程的空间组织主要用来确定被加工处理的农副产品在生产过程中的空间运动形式，即生产过程各个阶段、各道工序在空间上的分布和原材料、半成品的运输路线。空间组织又必须与相应生产单位的组织形式相结合。

生产单位的组织形式，是指专业大户的生产车间、班组的专业化形式。农副产品加工专业大户内部生产单位（车间、班组）的设置，一般有3种基本形式。

①工艺专业化。按照生产工艺性质的不同来设置生产单位。优点：有利于充分利用生产能力和生产面积；有利于适应产品品种的多种变化；有利于进行工艺专业化的技术管理；有利于组织和指导同工种工人之间的相互学习和交流，提高技术水平。缺点：劳动对象（加工产品）在生产过程中运行的路线较长；运送原材料和半成品的劳动消耗量大；劳动对象在生产过程中停放时间长，积压产品多；生产周期长，占用流动资金多；各生产单位

的计划管理、在制品管理、质量管理等工作比较复杂。

②对象专业化。以产品为对象来设置生产单位，某产品的全部工艺过程能在一个封闭的单位内独立完成。不同产品，按工艺流程布置所需的设备，不同工种工人，采用不同的工艺方法，对同类对象进行加工，能独立制造一种产品。优点：有利于缩短生产路线，节约辅助劳动量；有利于减少在产品和资金占用量，缩短生产周期；有利于简化生产单位之间的协作关系，简化各项管理和产品成本核算工作。缺点：由于所用设备专业性能强，通用性能差，不利于充分利用设备和劳力；生产技术多样，不利于生产专业化；不适应产品品种多变的形势等。

③工艺专业化与对象专业化结合。它是指吸收上述工艺专业化与对象专业化的优点，按照综合性原则而形成的生产单位设置形式。这种设置综合了上述两种设置方法的优点，避免其缺点。

（2）生产过程的时间组织

生产过程的时间组织，主要说明生产过程各工序之间的衔接协调，以尽量缩短生产周期。工序之间衔接的移动方式一般有3种类型。

①顺序移动方式。是指整批产品在上一道工序全部加工完成以后，才整批集中运送到下一道工序加工，形成整批产品在各道工序间相继移动。

②平行移动方式。是指一批产品中每一件产品在某道工序加工完成以后，立即转入下一道工序，形成产品在工作场所之间逐件移动。

③平行顺序移动方式。是前两种方式的结合，即加工产品在工作地之间的移动有两种情况：一是当前道工序加工单件产品的时间小于或等于后道工序加工时间，加工完一件（一批）就立即转移到下道工序，即按平行移动方式移动；二是当前道工序加工时间大于后道工序加工时间时，则等到前道工序加工完的在产品

第四章 专业大户的典型经验与升级路径

数量能够满足后道工序连续加工时,才将加工完成的产品转移到下道工序。

从上述3种移动方式的分析中可以看到,采用顺序移动方法,生产过程中的组织工作比较简单,但有整个生产周期较长、资金周转慢、在制品积压多等缺点。采用平行移动方法,生产周期虽然较短,但由于产品加工的各道工序的劳动量往往是不相等的,劳动力和设备有时会出现空闲等待现象,造成停工待料。平行顺序移动方法,综合了上述两种方法的优点,但组织工作比较复杂。因此,专业大户应充分考虑上述各种方式的优缺点,权衡利弊得失,根据自身生产类型、生产规模及其特点,决定采用何种方式组织生产过程。

二、农产品加工业生产质量管理

产品质量直接关系到专业大户的兴衰。在经济全球化的今天,我国农产品加工专业大户面临着一个竞争日趋激烈的国内外市场。只有在质量、品种、价格、售后服务等方面占有优势,专业大户才能生存和发展。因此,质量管理是专业大户经营战略的重要内容。

(一) 产品质量标准

产品质量标准是指对产品品种、规格、质量的客观要求及其检验方法所作出的具体技术规定。它是专业大户生产管理和处理质量纠纷的技术依据。它分为国际标准、国家标准、部颁标准和专业大户标准4个等级。

1. 国际标准

国际标准是指由国际标准化组织(ISO)、国际电工委员会(IEC)以及其他国际组织所制定的标准。这些标准通常是全球范围内广泛认可的,具有高度的通用性和权威性。

2. 国家标准

国家标准是指对全国技术经济发展有重大意义，必须在全国范围内统一执行的标准。一般用 GB（强制性国家标准）和 GB/T（推荐性国家标准）标识。

3. 部颁标准

部颁标准是指对全国性的各专业范围内统一执行的标准，由各工业部门颁布并报国家标准化主管部门备案。

4. 专业大户标准

专业大户标准是指专业大户制定的标准，由专业大户上级主管部门组织审批，并报本地区同级标准化管理部门统一编号和发布。国家标准、部颁标准、专业大户标准三者有一定关系，专业大户标准必须服从国家标准和部颁标准，不得与之相抵触。

（二）生产过程的质量控制

1. 技术准备过程的质量控制

技术准备过程质量控制的目的，是使正式生产过程能在受控状态下进行。因此，专业大户必须重点抓好以下 4 个方面的质量控制活动。

（1）质量控制策划

质量控制策划，是对质量计划、体系文件和程序文件作出明确规定，对影响生产过程的质量因素，即人、机、物料、工艺方法、生产环节等因素加以系统控制的活动，包括制定质量统计与检验技术规程，控制和优化工艺流程，建立过程检验和最终验证报告制度，制定和形成适宜的清洁和防护程序文件，研究改进生产过程质量的新方法等。

（2）过程能力控制

在技术准备过程中，应对过程能力是否符合产品规范进行验证。过程能力的验证包括材料、设备、计算机系统及其软件、程序、人员和相关作业。

第四章 专业大户的典型经验与升级路径

（3）辅助材料、设施、环境的验证

即对辅助材料和设施，如生产用水、压缩空气、电源、化学用品等的控制和定期验证；对湿度、温度和卫生等生产环境进行控制和验证。

（4）搬运控制

产品搬运要有适当的计划、控制，即对材料、在产品、最终产品等的搬运，按规定制度执行。产品搬运应正确地选择和使用货盘、容器、传送装置和运输工具，以保证产品在生产或交付过程中，避免由于振动、撞击、磨损、腐蚀、温度或任何其他情况造成的损坏或变质。

2. 基本生产过程的质量控制

基本生产过程的质量控制，是指从投料开始生产到制成产品的整个过程的质量控制。

（1）过程控制的内容

①技术文件控制。制造过程所使用的技术文件必须是现行有效的文本，应做到正确、完整、协调、统一、清晰、文图相符。

②过程更改控制。严格执行过程更改批准程序，每次过程更改后，及时进行评价，验证所做的更改是否对产品质量产生预期的效果；还应将由过程更改而引起的产品特性变化形成文件，通知有关部门。

③物料控制。进入制造过程的材料和零部件均应符合规定的质量要求，代用物料必须按规定办理审批手续；制造过程中的物料应合理堆放、隔离、搬运、储存和保管，防止磕碰、划伤、变质、混料等，以保持其实用性。

④设备控制。所有设备在使用前，应按规定进行验证、验收，确保设备技术状态良好，特别注意制造过程中使用的计算机以及软件的维护；制定预防性维修保养计划，以确保设备持续利用的能力。

⑤人员控制。各生产过程的操作人员、检验人员都必须掌握必备的知识、技能和相关技术。

⑥环境控制。提供适宜的加工环境，满足工艺技术的要求，遵守环境保护的有关法规。

(2) 最终产品的验证

产品质量验证的基本功能是"鉴别、把关和报告"，验证产品质量的符合性，即通过对产品的鉴别、把关，将产品验证报告及时反馈到决策部门，以便对产品生产过程或质量体系采取修正措施。

3. 辅助服务过程的质量控制

辅助服务过程主要包括物资供应、设备维修保养、工具制造与供应、燃料动力供应、仓库保管、运输服务等环节。

(1) 物资供应的质量控制

物资供应过程质量控制的任务，是保证所供应的物资符合规定的质量标准，按质按量，及时供应，合理储备。为此，必须对入库前的物资进行严格质量检验和验收工作，加强物资的储存管理。

(2) 设备的质量控制

对生产设备的购买、验收、安装、使用、维护保养、定期检修进行严格控制，确保其技术状态完好、性能稳定。

(3) 工具、量具、工装供应的质量控制

工具、量具、工装大多数使用的时间较长，为了对其进行有效的质量控制，第一，必须建立专门机构，进行监督控制；第二，严格工作程序，把握质量标准，如量具的验收、保养、发放、鉴定、校正和修理等过程，要符合规定的程序要求。

第五章 家庭农场的创新与高效运营

第一节 家庭农场的认定标准与创办

一、家庭农场的认定

(一) 家庭农场的概念

以家庭成员为主要劳动力,从事农业规模化、集约化、商品化生产经营,并以农业为主要收入来源的新型农业经营主体。

(二) 家庭农场的认定条件

①家庭农场经营者应具有农村户籍(即非城镇居民)。

②以家庭成员为主要劳动力。即无常年雇工或常年雇工数量不超过家庭务农人员数量。

③以农业收入为主。即农业净收入占家庭农场总收益的80%以上。

④经营规模达到一定标准并相对稳定。即从事粮食作物的,租期或承包期在5年以上的土地经营面积达到50亩(一年两熟制地区)或100亩(一年一熟制地区)以上;从事经济作物、养殖业或种养结合的,应达到当地县级以上农业部门确定的规模标准。

⑤家庭农场经营者应接受过农业技能培训。

⑥家庭农场经营活动有比较完整的财务收支记录。

⑦对其他农户开展农业生产有示范带动作用。

由此看出,家庭农场的基本特点是土地经营规模较大、土地

流转关系稳定、集约化水平较高、管理水平较高等。与一般专业大户相比,家庭农场在集约化水平、经营管理水平、生产经营稳定性等方面做了进一步的要求。专业大户和家庭农场仍然属于家庭经营。

二、家庭农场的创办

家庭农场作为一个独立的法律主体,对内自主经营,对外承担义务,相应的权利应有法律保障,承担的责任应由法律监督,政府扶持政策更需要一个经过法定程序确认的主体来承受。因此,无论从规范管理还是政策落实的角度,家庭农场主体资格的确认必须经过一定的审核和公示程序,工商注册登记可以作为家庭农场依法成立的前提条件。

(一) 注册类型

绝大部分家庭农场登记为个体工商户的主要原因在于:个体工商户的登记条件低,没有注册资金要求,无须验资,登记手续简便快捷,符合法定形式的,当场予以登记,管理宽松。然而,企业形式更符合家庭农场的规模化经营需求,规模化经营是家庭农场的基本特征,经营规模需要以一定数量的从业人员、资产总额、销售额等指标为支撑,而这些都需要通过组织化规范化的管理和经营方能实现。组织性是企业有别于个人的一大特征,营利性是企业追求的基本目的,以利润最大化为目标进行科学管理的企业特征有利于集聚人员、筹措资金和规范管理。采用企业形式设立家庭农场可以推进家庭农场的经营规模化、组织的规范化,提升产品的品牌效应,从而提高销售额和经营利润。

以投资和责任形式为标准,企业通常被划分为公司、个人独资企业和合伙企业3种基本形式,这些法人或非法人的企业形式兼具了个体工商户的功能优势又弥补了其缺陷。首先,个人独资和合伙这两类非法人企业既有个体工商户的灵活性又能享受同等

第五章 家庭农场的创新与高效运营

的税收优惠政策。其次,个人独资企业、合伙企业和公司的企业属性弥补了个体工商户在生产经营管理方面的不足。

(二) 主体条件

家庭农场顾名思义是以家庭为基础,设立主体应是农户家庭,主要劳动力和从业人员应为家庭成员。建议参照现行法律中简单多数的立法习惯,以从业人员的过半数为限,即常年从事家庭农场生产经营的人员应有一半以上为家庭成员,季节性临时性的雇工人员不包括在常年从业人员的基数范围内,或者家庭成员至少有两人直接参与家庭农场的生产经营活动。至于农户家庭的其他条件如经营者的年龄、劳动能力、身体和业务素质、家庭中务农的具体人数、农村户籍所在地等可由各地根据具体情况自行决定是否设定。

(三) 经营范围

基于家庭农场的性质,其主要经营范围应限定在《中华人民共和国农业法》第 2 条所规定的农业生产范围,即种植业、林业、畜牧业和渔业等产业,包括与其直接相关的产前、产中、产后服务。目前,有部分省市将"以农业收入为家庭收入主要来源"作为申请登记家庭农场应具备的条件之一,认为家庭农场从事农业生产,以农业收入为主是毋庸置疑的前提条件,需要考量的是该家庭是否以从事农业生产为主。而农业收入占家庭总收入的比重在家庭农场作为农业生产的主要经营主体尚未设立并开展生产之际是无法判断和衡量的,将此作为家庭农场的设立条件不具有可操作性,既不现实也没必要。

(四) 经营规模

家庭农场应具有多大的规模?家庭农场经营规模的具体标准尚无公认的结论。在确定经营规模之前,必须考虑家庭农场之间因所在地区、所处时期、经营内容等诸多因素影响而存在的差异

性。从宏观层面来看,可能还无法采用一个统一的方法来准确测算其最优规模,更多的是从理论层面进行分析,目前对该问题的研究大多从微观层面进行实证分析,应基于规模经济效益来测算各地区家庭农场的适度规模,尤其是对规模上限的确定,因为在现实中,多数规定了家庭农场的规模下限,而对上限没有明确要求。

(五) 土地承包经营权

家庭农场生产经营所使用的土地是农村土地,依法属于农民集体所有或国家所有,由农民集体使用,家庭农场只有通过家庭承包方式或承包权流转方式(荒山、荒沟、荒丘、荒滩等农村土地,通过招标、拍卖、公开协商等方式)方可取得该土地的使用权,无论哪种方式均有法定或约定的期限限制。土地使用权的相对稳定是家庭农场生产经营规模化和高效化的基础,因此,土地承包经营权的取得及期限应作为家庭农场成立的必要条件。

家庭农场获得的土地承包经营权的期限应以多长为宜?对此目前各地政府规定不一,而农林作物和农产品均有一定的生长周期,收益期长,土地承包期限过短会严重影响家庭农场的生产投入和经营效益,从而抑制家庭农场经营者的积极性。因此建议土地流转期限最短不得低于农林作物或农产品的收获期和收益期。

在现实操作中,一些地方将雇工人数、注册资金也列入了家庭农场登记注册时必须具备的条件范围。而雇工人数和注册资金均可根据家庭农场申请注册登记的法律主体类型和性质遵循相应的法律规范要求,不需要针对家庭农场设置特别的限制条件。例如,宁波市的家庭农场由于规模较大,雇工较为普遍,70%的农场拥有长期雇工,平均每个农场3名左右,多者达几十人,而季节性雇工更多。显然,家庭农场逐渐扩大规模后或者企业化经营后,会增加雇工的数量,这样劳动力以家庭成员为主的标准就会

第五章 家庭农场的创新与高效运营

被突破,就会被质疑是不是影响了家庭性。但是在我国社会化服务体系还不完善的情况下,一定数量的雇工是保证家庭农场经营的条件。

第二节 家庭农场的经营模式与条件

一、经营模式

当今世界的家庭农场有3种基本模式。

(一) 以美国为代表的大型家庭农场

据最新公布数据,美国共有220万个农场,98%是家庭农场,非家庭农场只占2%。在家庭农场中,小型的占88%,大型的只占10%。在小型家庭农场中,18%为退休者农场,45%为生活式农场,25%为职业农场。

家庭农场经营规模差异较大。美国农场的平均面积为2428亩。

退休者农场和生活式农场的平均面积分别为1056亩和898亩,职业农场的平均面积为2634亩。大型家庭农场的平均面积为10896亩,非家庭农场的平均面积为6671亩。

大型家庭农场是农产品的主要提供者。大型家庭农场仅占农场总数的10%,却贡献了农业总产值的60%以上。大型家庭农场和非家庭农场仅占农场总数的12%,却贡献了农业总产值的84%。年销量过100万美元的农场只占2%,却贡献了农业总产值的53%,主宰了主要高经济价值农产品——高价值农作物、生猪、乳制品、家禽、肉牛的生产。

相比之下,小型家庭农场占农地面积的63%,持有农场资产的64%,贡献的农业产出仅占16%,它们也贡献了谷物和大豆的23%、饲料草的51%、烟草的34%、肉牛的22%。

培育壮大新型农业经营主体带头人

家庭农场的土地以自我经营为主。大多数退休者农场、生活式农场、非家庭农场经营的土地为自己所有，主要由自我经营。美国家庭农场大多为夫妇共同经营，也有部分为多代共同经营。每个农场的经营者平均为 1.8 个人，55%有 2 个或 2 个以上的经营者，16%是多代共同经营。在大型家庭农场和非家庭农场中，多代共同经营最为普遍。

农场利润和收入状况与经营规模高度相关，小农场收入主要来自非农收入。大型家庭农场平均利润多为正，有 40%~45%的大型家庭农场平均利润率超过 20%；45%~75%的小型家庭农场的经营利润率为负，退休者农场、生活式农场和其他一些小型农场大多亏损。小型家庭农场之所以能继续存在，主要是因为有其他收入来源，如非农工资、投资利息、分红、社会保障等公共项目收益，以及赡养费、养老金、房产或金融资产收入、退休金等。小型家庭农场的非农收入有 76%来自工资收入。退休者农场非农收入的 60%来自社会保障、抚恤、股息、利息、租金等。

美国的农业以家庭农场为主，由于许多合伙农场和公司农场也以家庭农场为依托，因此美国的农场几乎都是家庭农场。可以说美国的农业是在农户家庭经营基础上进行的，具有如下特点。

1. 经营规模化和组织方式多样化

从经营规模来看，其发展与趋势表现为农场数量的减少和经营规模的扩大。20 世纪以来，美国家庭农场的数量上升至 89%，拥有 81%的耕地面积、83%的谷物收获量、77%的农场销售额。

2. 生产经营专业化

美国分为 10 个农业生产区域，每个区域主要生产一两种农产品。北部平原是小麦带，中部平原是玉米带，南部平原和西北部山区主要饲养牛、羊，五大湖地区主要生产乳制品，太平洋沿岸地区盛产水果和蔬菜。在这种区域化布局的基础上，建立和发展了生产经营的专业化。

第五章 家庭农场的创新与高效运营

3. 土地所有权私有化

美国经过几十年的探索，于 1820 年将公有土地以低价出售给农户，建立家庭农场的农业经济制度。正是这种制度的建立，促进了美国开发西部的热潮。

（二）以法国为代表的中型家庭农场

法国作为欧盟第一农业生产国、世界第二大农业和食品出口国、世界食品加工产品第一大出口国，其家庭农场的作用功不可没。法国有各类家庭农场 66 万个，平均经营耕地 42 公顷，其中 60% 的农场经营谷物、11% 的农场经营花卉、8% 的农场经营蔬菜、5% 的农场经营养殖业和水果，其余为多种经营。75% 以上的家庭农场劳动力由经营者家庭自行承担，仅 11% 的农场需雇用劳动力进行生产。由于农产品市场竞争日趋激烈，加上用工成本的不断提高，法国的家庭农场出现了以兼并的形式不断扩大规模和发展农工商综合经营的产业化趋势。法国农场专业化程度很高，按照经营内容大体可以分为畜牧农场、谷物农场、水果农场、蔬菜农场等，专业农场大部分经营一种产品，以突出各自产品的特点为主。

（三）以日本为代表的东亚小型家庭农场

1946—1950 年，日本政府采取强硬措施购买地主的土地转卖给无地、少地的农户，自耕农在总农户中的比重占了 88%，耕地占了 90%，并且把农户土地规模限制在 3 公顷以内。1952 年，日本制定了《土地法》，把以上规定用法律形式固定下来，从此形成了以小规模家庭经营为特征的农业经营方式。从 20 世纪 70 年代开始，日本政府连续出台了几个有关农地改革与调整的法律法规，鼓励农田以租赁和作业委托等形式协作生产，以避免土地集中的问题和分散的土地占有给农业发展带来的障碍因素。以土地租佃为中心，促进土地经营权流动，促进农地的集中连片经营和共同基础设施的建设。以农协为主，帮助核心农户和生产合作组

织妥善经营农户出租或委托作业的耕地。这种以租赁为主要方式的规模经营战略获得了成功。

二、家庭农场发展的环境与条件

为什么中国经历两千多年的传统农业,至今难以逾越?新中国成立后,努力探索改造小农经济的道路,但始终收效甚微,至今仍然徘徊在小农经济的境地中。这是由于中国缺乏家庭农场发展的社会环境与条件。然而,纵观同时代的工业化发达国家,家庭农场能够随着工业化的发展而发展,并且至今常盛不衰,是因为这些国家具有了发展家庭农场的良好环境与条件。

(一) 有明晰而完善的产权制度

工业化发达国家的家庭农场都有一个共同的制度,就是农地所有权的农户所有制。在他们的农场中,主要的土地归农户所有,也有的是通过土地租赁方式来增加和扩大农场规模的。但是明晰的、受到法律保护的土地私有权是这些家庭农场赖以成长和长期存在下来的制度基础。

(二) 有良好的社会保障

家庭农业是一种面临国内与国际市场竞争的现代化、商品化农业,也是一个受自然条件制约的产业,因而是充满高风险的产业。所以在发达国家中,小农场破产是常有的事。但是这些国家的农户并不害怕破产,因为他们有完善的社会保障制度,不会因为农场经营不下去就无法维持生活。完善的社会保障,使他们即使卖掉了农场也能生存下去,并有再寻求其他的发展机会。

(三) 有完善的农业补贴制度

农业作为第一产业,与第二产业和第三产业相比,劳动生产率较低。第一产业的劳动生产率仅相当于第二产业的1/8、第三产业的1/4。由于生产周期长和受自然条件制约严重,农业生产

第五章　家庭农场的创新与高效运营

会有投入成本高、风险大，以及收入不稳定的现象。各国都实行了对农业的补贴政策，保障家庭农场不因为市场环境变化及自然灾害而放弃或减少生产，保证一个国家农业生产供给的稳定性，也提高了家庭农场和农业产品在全球市场的竞争力。

（四）有国家力量支持

国家或政府领导人通过各种外交和外贸洽谈，以及其他途径和手段，促销本国的农业产品，打开和扩大农产品在世界市场的出口量，以此促使本国家庭农场的生产持续发展下去。

（五）有农业金融信贷和农业保障服务

发达国家的家庭农场可以以农场土地作为抵押来换取土地银行等金融机构的贷款、政策性低息或免息贷款。农业保障可以给农场经济在市场竞争或自然灾害情况下的农业失收提供保障，从而避免家庭农场陷入破产。

以上5条，使发达国家的家庭农场经济能够持久地发展下去。而包括我国在内的传统农业国恰恰缺乏这些环境与条件，这给包括我国在内的传统农业国家发展现代农业提供了非常有益的经验示范和改革借鉴。

第三节　家庭农场的政策支持

一、农业补贴政策

近年来，我国实施了"四补贴"等支农惠农政策，切实减轻了农民负担，增加了农民收入。

（一）粮食直补政策

粮食直补政策，即对种粮农民直接补贴，就是把原来通过流通环节的间接补贴改为对种粮农民的直接补贴，补贴资金主要通

过粮食种植面积直接落实到种粮农民手中,实现对种粮农民利益的直接保护,调动农民种粮积极性,促进国家粮食安全。

(二)农作物良种补贴

农作物良种补贴,是指国家通过建立良种推广示范区,对农民选用农作物良种并配套使用良法技术进行的资金补贴,目的是支持农民积极使用优良作物种子,提高良种覆盖率,增加农产品产量,改善产品品质,推进农业区域化布局、规模化种植、标准化管理、产业化经营。目前实施的作物品种有水稻、小麦、玉米、大豆四大粮食作物及棉花、油菜两种经济作物。农作物良种补贴资金运行管理实行省级列支、专户直拨。

(三)大型农机具购置补贴

农机具购置补贴,是指国家对农民个人、农场职工、农机专业户和直接从事农业生产的农机作业服务组织购置和更新大型农机具给予的部分补贴。在申请补贴人数超过计划指标时,要按照公平公正公开的原则,采取公开摇号等农民易于接受的方式确定补贴对象。对已经报废老旧农机并取得拆解回收证明的,可优先补贴。

补贴范围:农业农村部根据全国农业发展需要和国家产业政策,在充分考虑到各省地域差异和农业机械化实际的基础上,确定中央财政资金补贴机具种类范围为:耕整地机械、种植施肥机械、田间管理机械、收获机械、收获后处理机械、农产品初加工机械、排灌机械、畜牧水产养殖机械、动力机械、农田基本建设机械、设施农业设备和其他机械等 12 大类、48 个小类、175 个品目机具。

补贴标准:中央财政农机购置补贴资金实行定额补贴。每档次农机产品补贴额按不超过此档产品在本省近 3 年的平均销售价格的 30%测算,重点血防区主要农作物耕种收及植保等大田作业机械补贴定额测算比例,不得超过 50%。

第五章 家庭农场的创新与高效运营

(四) 农资综合直补

农资综合直补，是指国家为了解决柴油调价、化学肥料、农药、农膜等农业生产资料价格变动对农民种粮收益产生的影响而对种粮农民给予的补贴。农资综合补贴按照动态调整制度，根据化学肥料、柴油等农资价格变动，遵循"价补统筹、动态调整、只增不减"的原则及时安排和增加补贴资金，合理弥补种粮农民增加的农业生产资料成本。其资金来源于粮食风险基金，通过粮食风险基金专户下拨。

近几年，我国在农业补贴方面的政策更新比较快，补贴的额度和范围在不断扩大，而且各个省份相应也有本省的补贴范围及额度，广大家庭农场主要及时查询国家和省份的相关惠农政策，为家庭农场的成功创办争取政策支持。

二、政策性农业保险政策

(一) 目前中央和地方各级财政给予保费补贴的品种

1. 种植业保险

种植业保险包括玉米、水稻、大豆、葵花籽、花生5个品种。以上5个险种的保费补贴比例均为：中央财政40%、省财政25%、县级财政15%，参保农民自担20%。

2. 养殖业保险

养殖业保险包括能繁母猪和奶牛两个品种。能繁母猪保险保费补贴比例为：中央财政50%、省财政10%、县级财政20%、参保养殖户自担20%；对参加保险的龙头企业，由龙头企业承担30%，龙头企业所在地财政部门补贴10%。奶牛保险保费补贴比例为：中央财政30%、省财政15%、县级财政15%、参保养殖户自担40%；对参加保险的龙头企业，由龙头企业承担45%，龙头企业所在地财政部门补贴10%。

(二) 具体保险责任

1. 种植业保险

玉米、水稻、大豆、葵花籽和花生的保险责任为人力无法抗拒的暴雨、洪水、内涝、风灾、雹灾、旱灾、冰冻（霜冻及障碍性低温冷害）。保险期限根据作物的生长期（从苗期开始到开始收获为止）确定。具体起止日期以保险单载明为准。若被保险人在保险期限内收获或改种其他作物，则该部分保险作物的保险责任自行终止。

2. 能繁母猪保险

保险责任为猪丹毒、猪肺疫、猪水疱病、猪链球菌、猪乙型脑炎、附红细胞体病、伪狂犬病、猪细小病毒、猪传染性萎缩性鼻炎、猪支原体肺炎、旋毛虫病、猪囊尾呦病、猪副伤寒、猪圆环病毒病、猪传染性胃肠炎、猪魏氏梭菌病、口蹄疫、猪瘟、高致病性蓝耳病及其强制免疫副反应；暴雨、洪水（政府行蓄洪除外）、风灾、雷击、地震、冰雹、冻灾；泥石流、山体滑坡、火灾、爆炸、建筑物倒塌、空中运行物体坠落。

3. 奶牛保险

保险责任为口蹄疫、布鲁氏菌病、牛结核病、牛焦虫病、炭疽、伪狂犬病、副结核病、牛传染性鼻气管炎、牛出血性败血病、日本血吸虫病；暴雨、洪水（政府行蓄洪除外）、风灾、雷击、地震、冰雹、冻灾；泥石流、山体滑坡、火灾、爆炸、建筑物倒塌、空中运行物体坠落。

(三) 保险索赔规定

当发生保险责任范围内的灾害事故时，参保农户要做好下列相关工作。

(1) 在第一时间通过保险公司的服务热线电话进行报案，也可以直接向保险公司委托的政策性农业保险服务站或保险服务代理员报案。

第五章 家庭农场的创新与高效运营

（2）在保险公司查勘人员到达现场之前，要尽量保护好现场不受破坏，当被保险的财产仍处于危险之中时，要立即组织施救以减少损失。

（3）协助保险公司查勘人员做好定损理赔工作，在保险理赔人员的指导下，填写出险及理赔通知单、损失确认单等，说明事故发生的原因、经过和损失情况，协助理赔人员现场清点和定损。

（4）积极提供赔款必备的相关部门证明材料，如畜禽疫病死亡，需要当地畜牧部门出具病因证明，并要提供按时接种的证明材料。

（5）在办齐相关赔偿手续、达成赔偿协议后，持保险单和保户的营业执照、法人代码证、个人身份证等办理赔款的必要证件向保险公司申请赔付。

（6）保险公司按照约定赔付时限，一般会在5个工作日内将赔款付给农户。

三、农业税收优惠政策

（一）废止的农业税收政策

国家为了减轻农民负担，让农民得到真正的实惠，废止了相关税收政策：种粮农民自2006年1月1日起，不再缴纳农业税；2006年2月17日后农民销售自产的农业特产收入不用再缴纳农业特产税；农民屠宰自养的猪、牛、羊等不用再缴纳屠宰税。

（二）农业服务收入免税范围

农民从事农业机耕、排灌、病虫害防治、植物保护、农牧保险以及相关技术培训业务收入，家禽、牲畜、水生动物的配种和疾病防治收入，免征营业税。同时，国家规定，纳税人单独提供林木管护劳务行为的收入中，属于提供农业机耕、排灌、病虫害防治、植保劳务取得的收入，免征营业税。

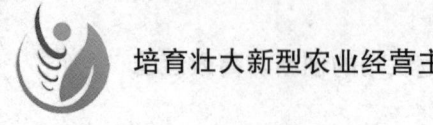

(三) 经营项目免税范围

按照规定，农业企业从事农、林、牧、渔业项目经营所得可以免征、减征企业所得税。

(1) 农业企业从事蔬菜、谷物、薯类、油料、豆类、棉花、麻类、糖类、水果、坚果的种植，中药材的种植，林木的培育和种植，牲畜、家禽的饲养，农作物新品种的选育，林产品的采集，灌溉、农产品初加工、兽医、农技推广、农机作业和维修等农、林、牧、渔服务业项目，远洋捕捞项目的所得，免征企业所得税。

(2) 农业企业从事花卉、茶以及其他饮料作物和香料作物的种植、海水养殖、内陆养殖项目的所得减半征收企业所得税。

第四节 家庭农场的可持续发展与未来方向

一、规模化与专业化发展

(一) 规模化

家庭农场可以通过土地的适度集中与流转，形成较大规模的经营主体。这不仅有助于提高生产效率，还能够降低生产成本，实现效益最大化。

(二) 专业化

家庭农场可以在特定领域内做精做强，例如，水果、蔬菜、有机粮食等，依托专业化的生产技术和管理模式，提升产品附加值和市场份额。

二、技术创新与智能化农业

农业农村现代化与技术创新是家庭农场可持续发展的核心。

第五章 家庭农场的创新与高效运营

随着农业信息化的推进,智能化农业技术在家庭农场中的应用将日益普及。

(一)信息化管理

通过大数据、物联网、云计算等技术,家庭农场能够实现精准农业管理,优化资源配置,提高生产效率。例如,通过智能化的灌溉系统,精准控制水肥供应,降低浪费并提高作物产量。

(二)机械化与自动化

现代农业机械和自动化技术将大大提高家庭农场的生产效率,减少人工成本,改善劳动条件。无人驾驶农机、精准播种技术等的应用将进一步提升农业生产的智能化水平。

(三)农业生物技术

通过生物育种技术提高作物的抗病虫害能力和耐旱能力,减少农药和化学肥料的使用,实现生态友好的可持续农业。

三、绿色生态与环境保护

随着全球对可持续发展的关注,家庭农场必须注重生态环境保护,推动绿色农业的发展。

(一)生态农业

家庭农场应采用有机农业、生态农业等环保型生产模式,减少化学肥料和农药的使用,提升土壤质量和生态环境。同时,推动循环农业,通过废弃物的再利用(如秸秆还田、粪肥资源化)来实现资源的高效利用。

(二)节水农业

家庭农场需要采取节水灌溉技术,尤其在水资源匮乏的地区,推广滴灌、喷灌等高效节水技术,提高水资源的利用效率。

(三)生物多样性保护

保持生态平衡,保护农业生态系统中的生物多样性,避免单

一作物的大规模种植，减少农业生产对生态环境的负面影响。

四、农业社会化服务与农民合作

家庭农场的可持续发展不仅需要单个农场主的努力，也需要整个农业社会化服务体系的支持。农民合作社和农业社会化服务组织的作用日益突出。

（一）农民合作社

家庭农场可以通过加入或组织农民合作社，实现资源共享、信息互通、技术支持等，提升集体经营效益。合作社能够整合成员的资源，减少成本，提高竞争力。

（二）农业社会化服务

农民合作社、专业服务公司等社会化服务组织将为家庭农场提供生产、技术、市场等全方位的支持，包括病虫害防治、农机作业、农产品流通等服务。

第六章　农民合作社的协作优势与创新模式

第一节　农民合作社的组织类型与功能定位

一、农业专业合作经济组织的类型

农业专业合作经济组织的类型，可以从不同的角度划分，主要按合作的领域和组织的形式进行分类。

（一）按照合作领域分类

按照合作的领域，农业专业合作经济组织可以分为以下几种。

（1）生产型合作，包括农业生产全过程的合作、农业生产过程某些环节的合作和农产品加工的合作等。

（2）流通型合作，包括农业生产资料和农民生活资料的供应、农产品的购销、储运等方面的合作。

（3）信用型合作，是农民为解决农业生产和流通中的资金需要而成立的合作组织，如我国现阶段的农村信用社等合作金融组织。

（4）其他类型合作，如消费合作社、合作医疗等。

（二）按照组织形式分类

按照合作的组织形式，农业专业合作经济组织可以分为以下几种。

（1）农业专业合作，一般是指专业生产方向相同的农户，联

合组建的专业协会、专业合作社等,以解决农业生产中的技术问题或农产品的销售问题等。

(2)社区性合作,是以农村社区为单元组织的合作,如现阶段我国农村的村级合作经济组织。由于社区性合作经济组织与农村行政社区结合在一起,因此它不仅是农民的经济组织,同时还是社区农民政治上的自治组织,是连接政府与农民、农户与社区外其他经济组织的桥梁和纽带。

(3)股份合作,是农民以土地、资金、劳动等生产要素入股联合组建的合作经济组织。股份合作不受单位、地区、行业和所有制的限制,具有很大的包容性。它是劳动联合与物质要素联合的结合体,在组织管理上实行股份制与合作制的运行机制相结合,分配上实行按劳分配与按股分红相结合。

二、农业专业合作经济组织的作用

农户组建和参加合作经济组织是希望从合作经济组织获得以下几个方面的利益:第一,合作经济组织使农户的净经济收益最大化(包括价格上的优惠和利润返还),这是吸引农户加入的重要原因。第二,生产者希望他们所投资生产的商品有一个稳定的市场。第三,农产品生产者希望通过一个合作经济组织来纠正市场上的价格扭曲。

(一)增强农户在市场上的力量

目前,我国农户的规模太小,在市场上处于劣势,只能是市场价格的接受者。而加工营销商往往具有较强的实力,在市场上有垄断地位,他们可以根据自身的状况来确定价格和产量,这样农户就受到市场力量不平衡的影响,得不到应得利益。小规模农户组成营销合作经济组织之后,在市场上与加工营销商进行交涉的就是规模较大的合作经济组织而非单个农户,这样就增加了其在市场上的力量。

第六章　农民合作社的协作优势与创新模式

（二）实现规模经济

合作经济组织可以通过将小规模的家庭经营联合起来以实现规模经济。许多单个农户无法完成的功能可以由合作经济组织来完成，通过合作经济组织可以采用大型机械设备，可以集体搜集信息，可以进行广告宣传等。通过合作经济组织实现的规模经济既包括生产领域的合作经济组织，也包括流通领域的合作经济组织，如果是生产领域的合作经济组织可能只实现生产领域的规模经济，流通领域的合作经济组织则可能实现流通领域的规模经济，如果合作经济组织实现从生产到流通领域的纵向一体化，就可能实现这两方面的规模经济。

（三）减轻风险和不确定性

风险和不确定性对农户来说时刻存在，它既包括农业生产的风险，也包括市场上的风险。通过组建合作经济组织可以减轻农户的市场风险，因为它可以使农户生产的农产品有稳定的市场、价格，获得稳定的收益。

第二节　农民合作社的建立与清算

一、农民合作社的设立、登记、解散和清算

（一）农民合作社的法人地位

农民合作社作为市场主体，具有独立的法律地位，是其对外开展经营活动的前提，也是其合法权益得以保护的基础。因此法律规定，农民合作社具有法人资格，也就是说它可以独立地进行民事活动，独立地承担责任。入社的农民不用担心一旦入社而又经营亏损，是不是自己多年辛辛苦苦积累的家底都要赔进去了，合作社的财产与个人财产是分开的、各自独立的。

(二)农民合作社的设立条件

农民合作社要成为法人,必须具备如下条件。

(1)农民合作社应当有 5 名以上的成员,其中农民至少应当占成员总数的 80%。成员总数 20 人以下的,可以有 1 个企业、事业单位或者社会团体成员;成员总数超过 20 人的,企业、事业单位和社会团体成员不得超过成员总数的 5%。

(2)有符合规定的章程。

(3)有符合规定的组织机构。

(4)有符合规定的名称和章程确定的住所。农民合作社的名称应当含有"专业合作社"字样,并符合国家有关企业名称登记管理的规定。农民合作社的住所是其主要办事机构所在地。

(5)有符合章程规定的成员出资。农民合作社成员可以用货币出资,也可以用实物、知识产权等能够用货币估价并可以依法转让的非货币财产作价出资。成员以非货币财产出资的,由全体成员评估作价。成员不得以劳务、信用、自然人姓名、商誉、特许经营权或者设定担保的财产等作价出资。成员的出资额以及出资总额应当以人民币表示,成员出资额之和为成员出资总额。

(三)农民合作社的登记

1. 设立登记

设立农民合作社,应当向工商行政管理部门提交下列文件。

(1)登记申请书。

(2)全体设立人签名、盖章的设立大会纪要。

(3)全体设立人签名、盖章的章程。

(4)法定代表人、理事的任职文件及身份证明。

(5)出资成员签名、盖章的出资清单。

(6)成员名册及成员身份证明。

(7)住所使用证明。

(8)指定代表或委托代理人的证明。

第六章 农民合作社的协作优势与创新模式

如果业务范围在登记前须经批准，还应当提交批准文件。

2. 变更登记和注销登记

（1）变更登记

已经登记的事项如果发生变更，应及时到原登记机关申请变更登记。

（2）注销登记

办理注销登记的情形包括：①农民合作社的业务范围须经批准，但因特定事由许可证或批准文件被吊销、撤销的或有效期届满的；②经清算组清算结束的；③因合并、分立而解散的。

二、农民合作社的解散和清算

（一）农民合作社的解散

农民合作社解散是指合作社因发生法律规定的解散事由而停止业务活动，最终使法人资格消灭的法律行为。合作社有下列情形之一的，应当解散。

1. 章程规定的解散事由出现

一般来说，解散事由是合作社章程的必要记载事项，合作社的设立大会在制定合作社章程时，可以预先约定合作社的各种解散事由，如合作社的存续期间、完成特定业务活动等。如果在合作社经营中，规定的解散事由出现，成员大会或者成员代表大会可以决议解散合作社。如果此时不想解散，可以通过修改章程的办法，使合作社继续存续，但这种情况应当办理变更登记。

2. 成员大会决议解散

成员大会是合作社的权力机构，依法有权对合作社的解散事项作出决议。农民合作社召开成员大会，作出解散的决议应当由本社成员表决权总数的 2/3 以上通过。章程对表决权数有较高规定的，从其规定。成员大会决议解散合作社，不受合作社章程规定的解散事由的约束，可以在合作社章程规定的解散事由出现

前，根据成员的意愿决议解散合作社。

3. 因合并或者分立需要解散

当合作社吸收合并时，吸收方存续，被吸收方解散；当合作社新设合并时，合并各方均解散。当合作社分立时，如果原合作社存续，则不存在解散问题；如果原合作社分立后不再存在，则原合作社应解散。合作社的合并、分立应由成员大会做出决议。

4. 依法被吊销营业执照或者被撤销

依法被吊销营业执照是指依法剥夺被处罚合作社已经取得的营业执照，使其丧失合作社经营资格。被撤销是指由行政机关依法撤销农民合作社登记。农民合作社向登记机关提供虚假登记材料或者采取其他欺诈手段取得登记的，由登记机关责令改正；情节严重的，撤销登记。当合作社违反法律、行政法规被吊销营业执照或者被撤销的，应当解散。

（二）农民合作社解散后的清算

清算，指农民合作社解散后，依照法定程序清理合作社债权债务，处理合作社剩余财产，使合作社归于消灭的法律行为。清算的目的是保护合作社成员和债权人的利益，除合作社合并、分立两种情形外，合作社解散后都应当依法进行清算。

1. 清算组的成立

因章程规定的解散事由出现、成员大会决议解散或者依法被吊销营业执照、被撤销等原因解散的，应当在解散事由出现之日起15日内由成员大会推举成员组成清算组，开始解散清算。逾期不能组成清算组的，成员、债权人可以向人民法院申请指定成员组成清算组进行清算，人民法院应当受理该申请，并及时指定成员组成清算组进行清算。

2. 清算组的职权

清算组是指在合作社清算期间负责清算事务执行的法定机构。合作社一旦进入清算程序，理事会、理事、经理即应停止执

第六章 农民合作社的协作优势与创新模式

行职务,而由清算组行使管理合作社业务和财产的职权,对内执行清算业务,对外代表合作社。清算组自成立之日起接管农民合作社,负责处理与清算有关的未了结业务,清理财产和债权、债务,分配清偿债务后的剩余财产,代表农民合作社参与诉讼、仲裁或者其他法律程序,并在清算结束时办理注销登记。清算组成员应当忠于职守,依法履行清算义务,因故意或者重大过失给农民合作社成员及债权人造成损失的,应当承担赔偿责任。

3. 清算的程序

第一步,通知、公告合作社成员和债权人。合作社在解散清算时,由清算组通知本社成员和债权人有关情况,通知公告债权人在法定期间内申报自己的债权。为了顺利完成债权登记、债务清偿和财产分配,避免和减少纠纷,清算组应当自成立之日起10日内通知本社成员和明确知道的债权人;而对于不明确的债权人或者不知道具体地址和其他联系方式的,由于难以通知其申报债权,清算组应自成立之日起60日内在报纸上公告,催促债权人申报债权。但如果在规定的期间内全部成员、债权人均已收到通知,则免除清算组的公告义务。债权人应在规定的期间内向清算组申报债权。债权人申报债权时,应明确提出其债权内容、数额、债权成立的时间、地点,有无担保等事项,并提供相关证明材料,清算组对债权人提出的债权申报应当逐一查实,并做出准确、翔实的登记。

这里需要说明的是,在债权申报期间内,清算组不能对债权人进行清偿,如果清算组在此期间对已经明确的债权人进行清偿,有可能造成后申报债权的债权人不能得到清偿,这是对其他债权人权利的严重侵害。

第二步,制定清算方案。清算组在清理合作社财产、编制资产负债表和财产清单后,应尽快制定包括清偿农民合作社员工的工资及社会保险费用,清偿所欠税款和其他各项债务,以及分配

剩余财产在内的清算方案。清算组制定出清算方案后,应报成员大会通过或者人民法院确认。

第三步,实施清算方案。清算方案经农民合作社成员大会通过或者人民法院确认后实施。清算方案的实施必须在支付清算费用、清偿员工工资及社会保险费用,清偿所欠税款和其他各项债务后,再按财产分配的规定向成员分配剩余财产。如果发现合作社财产不足以清偿债务的,清算组应当停止清算工作,依法向人民法院申请破产。

第四步,清算结束办理注销登记。办理完合作社的注销登记,清算组的职权终止,清算组即行解散,不得再以合作社清算组的名义进行活动。

另外需注意,农民合作社接受国家财政直接补助形成的财产,在解散、破产清算时,不得作为可分配剩余资产分配给成员;破产财产在清偿破产费用和公益债务后,应当优先清偿破产前与农民成员已发生交易但尚未结清的款项。

第三节 农民合作社的政策扶持

一、财政扶持政策

(一)优先获得农机购置补贴

国家明确规定农民专业合作社购买农机具优先给予补贴。

(二)提高省储粮交售奖励标准

在省储粮交售奖励上,我国部分地区也重点扶持农民专业合作社,奖励标准比一般农户要高。

(三)发放"农机作业券"

有的地区以"农机作业券"形式支持农民专业合作社。如浙

第六章　农民合作社的协作优势与创新模式

江省衢州市规定，对本区域应用水稻机械化插秧、油菜机械化收获作业的农户，给予每亩 40 元的补贴；对接受具有一定规模（服务面积达到 500 亩）以上的植保、粮食、农机等合作社病虫害统一防治的农户，给予每亩 40 元的补贴。上述补贴以"农机作业券"的形式发放，其中浙江省财政负担 60%，市县负担 40%。

（四）专项经费扶持

部分地区还对合作社加强自身建设提供经费支持。如重庆市涪陵区先后启动区级农民专业合作社示范补助项目和品牌建设奖励项目。

（五）为合作社提供更优的服务

地方政府为合作社提供更多的技术服务和生产资料支持。如江西省樟树市通过零距离办证、上门技术服务、免费测土施肥等服务，使合作社享受到优于一般农户的服务和支持，同时当地农业农村局还免费向合作社提供良种，并经常向合作社赠送肥料等生产资料。

二、金融扶持政策

《中华人民共和国农民专业合作社法》第六十六条规定，国家政策性金融机构应当采取多种形式，为农民专业合作社提供多渠道的资金支持。

三、税收优惠政策

根据《财政部国家税务总局关于农民专业合作社有关税收政策的通知》规定，对农民专业合作社的税收政策可按下列情况办理。

（1）对农民专业合作社销售本社成员生产的农业产品，视同农业生产者销售自产农业产品免征增值税。

(2) 增值税一般纳税人从农民专业合作社购进的免税农产品，可按 13% 的扣除率计算抵扣增值税进项税额。

(3) 对农民专业合作社向本社成员销售的农膜、种子、种苗、化学肥料、农药、农机免征增值税。

(4) 对农民专业合作社与本社成员签订的农业产品和农业生产资料购销合同，免征印花税。国家和地方每年都要设置一定的财政专项资金，用于支持农业产业化发展，其中就有对农业企业尤其是龙头企业扶持的资金。财政专项资金的使用主要体现在对农业企业的项目扶持上。

第七章　农业产业化龙头企业的带动效应

第一节　农业产业化龙头企业的特征与使命

一、农业产业化的含义

农业产业化，是指在市场经济条件下，以经济利益为目标，将农产品生产、加工和销售等不同环境的主体联结起来，实行农工商、产供销的一体化、专业化、规模化、商品化经营。农业产业化促进传统农业向现代农业转变，能够解决当前一系列农业经营和农村经济深层次的问题和矛盾。

二、农业产业化龙头企业的含义

农业产业化龙头企业，是指以农产品生产、加工或流通为主，通过订单合同、合作方式等各种利益联结机制与农户相互联系，带动农户进入市场，实现产供销、贸工农一体化，使农产品生产、加工、销售有机结合、相互促进，具有开拓市场、促进农民增收、带动相关产业等作用，在规模和经营指标方面达到规定标准并经过政府有关部门认定的企业。

三、农业产业化龙头企业的优势

农业产业化龙头企业弥补了农户分散经营的劣势，将农户分散经营与社会化大市场有效对接，利用企业优势进行农产品加工和市场营销，增加了农产品的附加值，弥补了农户生产规模小、

培育壮大新型农业经营主体带头人

竞争力有限的不足,延长了农业产业链条,改变了农产品直接进入市场、农产品附加值较低的局面。还将技术服务、市场信息和销售渠道带给农户,提高了农产品精深加工水平和科技含量,提高了农产品市场开拓能力,减小了经营风险,提供了生产销售的通畅渠道,通过解决农产品销售问题刺激了种植业和养殖业的发展,提升了农产品竞争力。

农业产业化龙头企业能够适应复杂多变的市场环境,具有较为雄厚的资金、技术和人才优势。龙头企业改变了传统农业生产自给自足的落后局面,用工业发展理念经营农业,加强了专业分工和市场意识,为农户农业生产的各个环节提供一条龙服务,为农户提供生产技术、金融服务、人才培训、农资服务、品牌宣传等生产性服务,实现了企业与农户之间的利益联结,能够显著提高农业的经济效益,促进农业可持续发展。

农业产业化龙头企业的发展有利于促进农民增收。一方面,龙头企业通过收购农产品直接带动农民增收,企业与农户建立契约关系,成为利益共同体,向农民提供必要的生产技术指导,提高农业生产的标准化水平,促进农产品质量和产量的提升,保证了农民的生产销售收入,同时也增强了我国农产品的国际竞争力,创造了更多的市场需求。农户还可以以资金等多种要素的形式入股农业产业化龙头企业,获得企业分红,鼓励团队合作,促进农户之间的相互监督和良性竞争。另一方面,农业产业化龙头企业的发展创造了大量的劳动就业岗位,释放了农村劳动力,解决了部分农村劳动力的就业问题。

农业产业化龙头企业的发展提高了农业产业化水平,促进了农产品产供销一体化经营,通过技术创新和农产品深加工,能够提高资源的利用效率,提高农产品质量,解决农产品难卖的问题。同时,能够改造传统农业,促进大产业、大基地和大市场的形成,形成从资源开发到高附加值的良性循环,提升农业产业竞

争力,起到农产品结构调整的示范作用和市场开发的辐射作用,带动农户走向农业农村现代化。

农业产业化龙头企业是农村的有机组成部分,具有一定的社会责任。龙头企业参与农村村庄规划,配合农村建设,合理规划生产区、技术示范区、生活区、公共设施等区域,并且制定必要的环保标准,推广节能环保的设施建设。龙头企业培养企业的核心竞争力,增强抗风险能力,在形成完全的公司化管理后,还可以将农民纳入社会保障体系,维护了农村社会的稳定发展。

四、农业产业化龙头企业的使命

(一) 推动农业产业化发展

农业产业化龙头企业是农业产业链中的关键环节,它们通过整合农业生产、加工和销售等各个环节,推动农业产业化的快速发展。这些企业通过技术创新、资源整合和市场引导,将农产品从原料向深加工、品牌化转变,提高农产品的附加值和市场竞争力。

1. 产业链整合

农业产业化龙头企业通过上下游资源的整合,推动农业生产和加工环节的紧密衔接,形成较为完善的产业链。它们不仅负责农产品的生产,还会进行深加工,推动农产品的产业化发展。

2. 技术创新与标准化

龙头企业通过技术创新和生产标准化,推动农业产业升级。例如,在粮食、肉类、蔬菜等农产品领域,通过引入先进的种植技术、加工工艺和质量控制体系,提升生产效率和产品质量。

(二) 带动农民增收致富

农业产业化龙头企业的一个重要使命是通过产业化推动农民增收,带动农民致富。这些企业通过与农民的合作,帮助农民提高生产水平,增加收入来源,从而实现农业增效、农民增收的

目标。

1. 订单农业与农户合作

龙头企业通常与农户签订订单合同，保证农户的生产和收入。在合同农业模式下，农民可以获得相对稳定的收入来源，同时，龙头企业提供技术支持和培训，提升农民的生产技术水平。

2. 引导农民合作社发展

农业产业化龙头企业还可以通过支持农民合作社的建设，推动农民集约化、组织化生产。合作社的集体优势能够降低生产成本、提高市场竞争力，进而增加农民的整体收入。

（三）提升农业产品的市场竞争力

农业产业化龙头企业通过完善的市场营销体系和品牌建设，提升农产品的市场认知度和竞争力。这些企业不仅关注产品的生产，还致力于产品的推广和市场拓展，使农产品能够进入更广阔的市场，实现品牌化发展。

1. 品牌化运营

龙头企业通过打造具有市场影响力的品牌，提高农产品的附加值。通过建立品牌形象和质量信誉，使农产品获得更高的市场溢价。

2. 拓展国内外市场

农业产业化龙头企业还承担着拓展市场的责任，不仅在国内市场打响品牌，还可以通过出口等途径，将优质农产品推向国际市场，增加农民的销售渠道和收入来源。

（四）保障国家粮食安全与供应稳定

农业产业化龙头企业在粮食安全和食品供应链中扮演着至关重要的角色。通过生产和加工保障食品的供应稳定，尤其是在市场波动和自然灾害等不确定因素的影响下，龙头企业能够在保证质量和供应量的同时，满足国家对粮食安全的要求。

第七章 农业产业化龙头企业的带动效应

1. 稳定供应链

龙头企业能够通过完善的供应链管理,在农产品的收购、储存、加工、配送等环节形成一体化的管理,确保农业产品的供应稳定。

2. 应对市场波动

农业产业化龙头企业具备较强的市场调控能力和风险应对能力,能够在市场价格波动和资源短缺的情况下,保障农产品的生产和供应,为国家粮食安全提供支撑。

(五) 推动农村经济发展与社会进步

农业产业化龙头企业不仅是农业生产的领军者,也是促进农村经济发展、社会进步的动力源。通过企业的扩展和规模化经营,带动了大量农民就业和收入增长,推动了农村经济的现代化进程。

1. 地方经济振兴

通过促进农业产业化,龙头企业为地方经济注入活力,推动农村地区从传统农业向现代农业转型,提升地方经济的整体发展水平。

2. 改善农民生活水平

随着农业产业化龙头企业的发展,带动了农村基础设施建设和公共服务的改善,提升了农民的生活质量和社会保障水平。

(六) 履行社会责任与环保责任

农业产业化龙头企业还需要履行社会责任,推动绿色发展,促进农业可持续发展。在生产过程中,龙头企业应减少环境污染,采用绿色生产方式,推广节水、节能和低碳技术,促进农业的生态友好性。

1. 绿色环保

龙头企业应推行绿色农业理念,减少农药和化学肥料的使用,采用生态农业和有机农业方式,降低农业生产对环境的负面影响。

2. 社会责任

企业应积极参与乡村振兴、公益活动和教育培训等社会事务，帮助提升农民的教育水平和生活质量，推动社会的和谐进步。

第二节　龙头企业对农业经营主体的辐射作用

一、促进一、二、三产业融合发展

农业是第一产业，不仅产品附加值较低，而且风险也比较大。促进农业的健康稳定发展，必须跳出农业看农业，通过延长产业链条，突破第一产业的限制，"接二连三"发展农产品加工和销售，拓展农业多种功能，将农业发展的不确定性内化在于产业链整体之中，从而提高农业效益、降低农业风险。农业产业化经营通过整合产业链、提升价值链和拓展多功能，能有效促进一、二、三产业融合互动发展。2014年12月底召开的中央农村工作会议明确提出，大力发展农业产业化，把产业链、价值链等现代产业组织方式引入农业，促进一、二、三产业融合互动。

（一）整合产业链

产业链整合是对产业链进行调整、协同、组合和一体化的过程，包括横向整合、纵向整合以及混合整合三种类型。新时期的农业产业化，既要注重横向整合，通过对产业链上相同类型企业的约束来提高企业的集中度、扩大市场势力；又要注重纵向整合，通过对上下游施加纵向约束，使之接受一体化或准一体化的合约，通过产量或价格控制实现纵向的产业利润最大化。新时期，通过促进龙头企业做大做强，开展股权并购、战略联盟，发挥龙头企业协会行业自律的作用，可以有效促进产业链横向整

第七章　农业产业化龙头企业的带动效应

合;通过发展自建基地和订单基地,发展会员制农业和订单农业,强化契约执行,可以有效促进产业链的纵向整合。从这两个方面来看,农业产业化经营都是产业链整合的重要途径。

(二) 提升价值链

价值链的概念是由美国哈佛商学院的迈克尔·波特 (Michael E. Porter) 于1985年在其所著的《竞争优势》一书中首先提出的。他认为,任何企业的价值链都是由一系列相互联系的创造价值的活动构成,这些活动分布于从原材料获取到最终产品消费时的服务之间的每一个环节,包括供应商价值链、企业价值链、渠道价值链和买方价值链,这些环节相互关联并相互影响。将价值链理论运用到农业经营中,可以发现,通过农业产业化经营,发展农产品加工、流通和各种服务,创新商业模式,依托产业链条上的各类主体,通过利益联结机制,将农户、合作社、龙头企业、流通企业以及消费者紧密地联系在一起,能有效提升产业价值链,让各相关主体分享产业增值收益。

(三) 拓展多功能

农业多功能性概念的提出可以追溯到20世纪80年代末和90年代初日本提出的"稻米文化"。1992年联合国环境与发展大会通过的《21世纪议程》正式采用了农业多功能性提法。根据国外的研究结果,结合我国的实际和研究,农业多功能性的含义可归纳为:农业多功能性是指农业具有提供农副产品、促进社会发展、保持政治稳定、传承历史文化、调节自然生态、实现国民经济协调发展等功能;且各功能又表现为多种分功能,各功能表现为相互依存、相互制约、相互促进的多功能有机系统特性。在更加注重生态环境、文化传承、质量安全的背景下,农业的重要作用不言而喻。对当前的农业产业化来讲,也要突破传统的产加销一体化模式,将产业化的内涵拓展到更加广阔的领域,如休闲观光、农事体验、文化传承、生态保护等,实现经济效益、社会效

培育壮大新型农业经营主体带头人

益和生态效益的有机结合。

二、促进新型农业经营体系构建

党的十八大提出了构建集约化、专业化、组织化、社会化相结合的新型农业经营体系这一重大任务。中央提出这一任务，是为了破解未来"谁来种地""地怎么种"等农业生产经营面临的紧迫问题。其中，集约化是相对粗放经营而言的，主要指加强对农业的投入，提高农业生产效率；专业化是相对兼业化而言的，主要指培育专业大户、家庭农场等职业农民；组织化是相对分散经营而言的，主要指通过农民合作社、专业协会、龙头企业的带动，提高农户生产的组织化程度；社会化是相对个体而言的，主要指加强农业社会化服务，克服农户小规模经营的弊端。就当前而言，构建新型农业经营体系，核心是培育新型农业经营主体，关键是健全各主体间的利益关系，重点是加强农业社会化服务。

发展农业产业化经营，通过龙头企业与农户建立利益联结关系，能有效培育新型农业经营主体，提升农业社会化服务水平，促进家庭经营、集体经营、合作经营、企业经营融合发展，推进新型农业经营体系的构建。

（一）孵化和培育新型农业经营主体

发展农业产业化经营，通过龙头企业的引领，以"公司+农户"的组织模式为基础，龙头企业将现代的经营管理理念和先进适用技术传授给农民，提高了他们的综合素质和劳动生产率，扩大生产经营规模，带动农户发展壮大，催生形成了一批专业大户和家庭农场；龙头企业通过引导农户联合成立农民合作社，或参与领办、创办合作社，为合作社提供质量体系建设、技术指导、市场开拓和资金支撑，打造了一批组织化水平高、凝聚力向心力强、服务功能完善的农民合作社。在龙头企业的引领下，在产业化经营方式的作用下，培育和形成小农户、专业大户、家庭农

场、农民合作社、龙头企业等多元经营主体，为构建新型农业经营体系提供主体支撑。

（二）融合家庭经营、集体经营、合作经营和企业经营等多种经营方式

党的十八届三中全会提出，坚持家庭经营在农业中的基础性地位，推进家庭经营、集体经营、合作经营、企业经营等共同发展的农业经营方式创新。在实践中，这四种经营方式各有所长。家庭经营的优点是劳动监督成本低，集体经营具有组织优势和交易成本低的特点，合作经营的优点是农民组织化程度高和谈判能力强，企业经营的优点是资金技术密集以及加工和开拓市场能力强。通过农业产业化经营，以产业链为主线，通过"公司+农户""公司+合作社+农户""公司+集体经济组织+农户"等组织模式，可以将不同主体联结起来，生产商品农产品，实现生产加工销售的有效连接；以要素优化配置为途径，发挥家庭农场、集体经济组织、农民合作社、龙头企业在生产要素方面的各自优势，实现资源利用和经济效益的最大化；以利益为纽带，采取订单收购、利润返还、股份分红等多种形式，让各类主体合理分享产业链的增值收益。

（三）促进新型农业社会化服务体系发展

新型社会化服务体系发展的方向和重点是经营性服务组织。中央一号文件指出，发挥经营性服务组织在社会化服务体系中的生力军作用。在经营性服务组织中，龙头企业实力雄厚，与农户、合作社等长期合作，在提供服务上具有质量优、针对性强、供需对接顺畅等优势，是新型农业社会化服务体系的骨干。龙头企业要继续通过为农户提供农资销售、农机作业、统防统治、生产技术指导、产品销售等统一服务，解决一家一户办不了、办不好、办起来不划算的事情。在新形势下，龙头企业还需要继续充分发挥自身的资源优势，不断探索贷款担保、风险防范、财务管

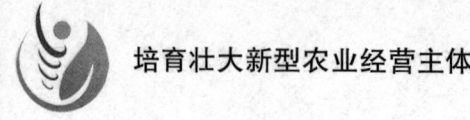

理、商务咨询和经营模式辅导等新的服务方式,在新型农业社会化服务体系中承担更多更重要的责任。

三、推动农业转型升级

我国人多地少水缺和生态环境脆弱的基本国情,决定了当前粗放式、外延式的农业发展方式难以为继,急需通过产业转型升级,走集约化、内涵式的现代农业发展道路。农业转型升级的过程,就是通过向农业注入资金、技术、人才和先进管理方式,将传统农业改造为现代农业的过程。在这个过程中,龙头企业由于具备资金、技术、人才等多方面的比较优势,能够弥补传统农业的缺陷和不足,是引领农业转型升级的重要力量。龙头企业集成利用资本、技术、人才等生产要素,带动农户发展专业化、标准化、规模化、集约化生产,是构建现代农业产业体系的重要主体。应鼓励和引导市场资金到农村发展适合企业化经营的现代种养业,向农业输入现代生产要素和经营模式。

(一)促进先进技术和优秀人才导入农业

当前,农村青壮年劳动力大量转移,高素质劳动力快速流失,农业缺人手特别是缺人才,已成为制约农业转型升级的瓶颈。近年来,随着龙头企业的不断发展壮大,通过发展订单农业,向农业输出新技术新工艺,向农民输出标准化生产方式,培养造就了一大批新型职业农民。同时,龙头企业依托其稳定的生产工作条件和广阔的发展前景,还吸引了一大批优秀人才加盟,参与农业产前、产中、产后各环节,成为各类人才和先进适用技术进入农业的有效渠道。龙头企业将先进的技术教给农民,将工业化的生产理念应用于农业,将优秀的人才留在农村,缓解了农村人才快速流失的局面,培养造就了一大批懂技术、会经营、善管理的新型职业农民,提高了农业生产经营人员的水平和素质,从一个方面回答了"谁来种地""地怎么种"的问题,也为农业

第七章 农业产业化龙头企业的带动效应

转型升级提供了智力支撑。

(二) 推动技术集约型农业示范推广

随着工业化和城镇化的持续发展，农村劳动力拥有非农就业机会越来越多，农村劳动力从事农业的机会成本在不断提高。在这种形势下，农业劳动力正逐步由过剩转向短缺，过去以过密化劳动投入为特征的传统农业已无法持续，集约利用资金和技术成为现代农业发展的大方向。而这种方式尽管产出较高，但不容忽视的是这种模式具有很强的不确定性，即高投入、高产出与高风险并存。而现有的小规模农户自身实力弱，抗风险能力差，尚不完全具备发展资金、技术密集型农业的条件。并且农户一般都是风险厌恶型，只要他们没有亲眼看到新技术、新品种、新工艺的效果，技术推广就很难进行和普及，在投入方面会异常谨慎。在这种情况下，就可以发挥龙头企业的示范和带动效应，通过龙头企业率先应用最新科技成果、改进生产工艺，建设高效的产加销一体化生产服务体系，推动农业生产由劳动密集向资金和技术集约的方向转变，进而提高土地产出率和劳动生产率，增加农业经营的效益。当农民看得见、摸得着这些实实在在的收益时，向农户示范应用推广新产品、新技术的阻力就会大大减少，龙头企业也就起到了为发展现代农业创造经验、为农户提供试验示范的作用。

(三) 引领农业商业模式创新

当前的农产品市场总体是一个买方市场，农产品不仅面临国内的激烈竞争，而且随着中国对外开放程度的加深，国际竞争也越来越大。在这种形势下，谁赢得市场，谁就能在激烈的竞争中存活下来，可以说，市场是决定产业兴衰的关键因素。在传统农业生产经营方式下，由于农产品供求信息不对称，物流渠道不畅通、销售方式单一，总是难以走出"少了抢、多了贱"的销售困境。与其他农业经营主体相比，龙头企业具有贴近市场的优势，

培育壮大新型农业经营主体带头人

具有更加敏锐的嗅觉，在商业模式创新上更加具有前瞻性和适应性。在农业产业化经营 20 多年的实践中，龙头企业逐步探索出了定制农业、特许加盟经营、电子商务营销、会员直供直销等多种模式，顺应消费结构升级和消费习惯改变，引领农业生产经营方式的创新。

四、保障农产品质量安全

当前，随着人们生活水平的提高，对农产品的需求已经由数量向质量转变，由吃得饱向吃得好、吃得安全转变。特别是近年来发生了一些农产品质量安全事件，全社会都对质量安全绷紧了神经，高度关注这个问题。之所以频频出现质量安全问题，究其原因，就是传统农业产业各环节是断裂的，质量安全追溯很困难，责任主体不明确，信用体系不健全，很难有效保障农产品质量安全。推进农业产业化经营，实现农业的区域化布局、规模化经营、标准化生产和企业化管理，为保障农产品有效安全供给建立了有效机制。特别是强调龙头企业的责任主体作用，发挥龙头企业保障质量安全的主动性，能为保障农产品质量安全提供有力支撑。

龙头企业是一个法人主体，属于市场中的"非匿名交易者"。在这种情况下，市场信誉和品牌价值可能会因为一次质量安全问题而毁于一旦，这势必会形成一种市场倒逼机制，迫使其不得不高度重视质量安全问题。在农业产业化经营模式下，龙头企业就自然成为质量安全的责任主体，从机制上解决了质量安全事件无法追踪溯源的问题。从这个视角来看，龙头企业保障质量安全与企业健康持续发展具有内在统一性，其具有保障质量安全的内生动力。

在生产组织上，龙头企业建立高标准生产基地，统一投入品使用、生产技术和工艺，杜绝违禁化学肥料、农药、兽药进入农

第七章 农业产业化龙头企业的带动效应

业生产环节,从源头上保障农产品的质量安全。在质量追溯上,龙头企业可以指导农户做好农产品生产记录,定期监测产地环境,建立完善基地生产档案,构建农产品加工和流通标准化生产体系,强化质量安全责任制,通过定量包装、标识标志、商品条码等手段,建立"从田头到餐桌"的质量可追溯机制。在第三方监督上,龙头企业开展绿色食品、有机食品等质量安全认证,通过 ISO、HACCP 等质量管理体系认证,建立健全生产操作规程,有效提升质量水平和品牌价值。

五、发展县域经济和小城镇建设

近年来,我国的城镇化发展很快,然而,我国的城镇化存在着发展质量低、发展不平衡的问题,突出表现在大城市和特大城市"城市病"问题突出,以及半城镇化特征明显。坚持走中国特色新型城镇化道路,推进以人为核心的城镇化,全面放开建制镇和小城市落户限制,推动大中小城市和小城镇协调发展、产业和城乡融合发展。从中央的表述可以看出,县域经济和小城镇将是未来城镇化发展的一个重点。农业产业化具有集聚产业和就业的作用,可以为县域经济和小城镇提供产业支撑,促进产业和城乡融合发展,具有县域经济和小城镇发展引擎的作用。

(一)开发利用农村优势资源

我国各地有着不同的自然、经济和社会条件,大部分县域都拥有具有地域特色的农业资源、独特的传统文化资源和丰富的人力资源。通过农业产业化经营,充分利用龙头企业在信息、技术和品牌、渠道等方面的优势,找准当地资源和市场对接的着力点,有利于开发当地优势资源,发掘农业多种功能,发展特色农产品、休闲农业、生态旅游和农耕文化产业,推动资源变产品、产品变商品、商品变名品。

(二) 培育壮大农业主导产业

农业产业化经营是培育壮大县域经济和小城镇主导产业的有效途径，通过龙头企业带动，建设规模化、标准化原料基地，发展农产品加工以及储藏、包装、运输、营销等配套产业，将产前、产中、产后各环节有机统一起来，可以形成完整的产业体系。通过引导龙头企业向优势产业和优势产区聚集，促进产业链条纵向延伸和横向扩张，形成企业分工明确、协调配合、资源共享、优势互补的产业运行体系，发挥企业集群规模效应，形成区域经济增长极；龙头企业的集群发展可以加快信息、金融、咨询等相关服务业发展，吸引人口向集聚区集中，带动文化、教育、卫生等社会事业和餐饮娱乐等服务业发展，有利于推动城镇化建设。

(三) 促进区域间产业转移

当前，东部地区经济快速增长，但也暴露出资源约束加剧、经营成本增加、竞争日趋激烈等突出问题，产业转型升级的要求越来越迫切，尤其是龙头企业面临的土地资源和劳动力成本的约束更为突出，这使得东部龙头企业把目光投向广大中西部地区，区域间的产业转移加速。在这种背景下，中西部地区充分发挥资源优势和政策优势，改善基础设施和生产条件，主动承接东部地区产业转移，加强区域间联合合作，可以加速中西部地区县域经济和小城镇的发展。

第三节 龙头企业申报与政策支持的实务操作

一、申报农业产业化龙头企业

根据《农业产业化国家重点龙头企业认定和运行监测管理办法》，申报企业应符合以下基本标准。

第七章　农业产业化龙头企业的带动效应

（一）企业组织形式

依法设立的以农产品生产、加工或流通为主业、具有独立法人资格的企业。包括依照《中华人民共和国公司法》设立的公司，其他形式的国有、集体、私营企业以及中外合资经营、中外合作经营、外商独资企业，直接在工商管理部门注册登记的农产品专业批发市场等。

（二）企业经营的产品

企业中农产品生产、加工、流通的销售收入（交易额）占总销售收入（总交易额）的70%以上。

（三）生产、加工、流通企业规模

总资产规模：东部地区1.5亿元以上，中部地区1亿元以上，西部地区5000万元以上；固定资产规模：东部地区5000万元以上，中部地区3000万元以上，西部地区2000万元以上；年销售收入：东部地区2亿元以上，中部地区1.3亿元以上，西部地区6000万元以上。

（四）农产品专业批发市场年交易规模

东部地区15亿元以上，中部地区10亿元以上，西部地区8亿元以上。

（五）企业效益

企业的总资产报酬率应高于现行一年期银行贷款基准利率；企业应不欠工资、不欠社会保险金、不欠折旧，无涉税违法行为，产销率达93%以上。

（六）企业负债与信用

企业资产负债率一般应低于60%；有银行贷款的企业，近两年内不得有不良信用记录。

（七）企业带动能力

鼓励龙头企业通过农民合作社、专业大户直接带动农户。通过建立合同、合作、股份合作等利益联结方式带动农户的数量一般应达到：东部地区 4000 户以上，中部地区 3500 户以上，西部地区 1500 户以上。

企业从事农产品生产、加工、流通过程中，通过合同、合作和股份合作方式从农民、合作社或自建基地直接采购的原料或购进的货物占所需原料量或所销售货物量的 70% 以上。

（八）企业产品竞争力

在同行业中企业的产品质量、产品科技含量、新产品开发能力处于领先水平，企业有注册商标和品牌。产品符合国家产业政策、环保政策，并获得相关质量管理标准体系认证，近两年内没有发生产品质量安全事件。

（九）申报企业原则上应是农业产业化省级重点龙头企业

符合以上第 1、2、3、5、6、7、8、9 条要求的生产、加工、流通企业可以申报作为农业产业化国家重点龙头企业；符合以上第 1、2、4、5、6、8、9 条要求的农产品专业批发市场可以申报作为农业产业化国家重点龙头企业。

（十）企业申报提供的材料

（1）企业的资产和效益情况须经有资质的会计师事务所审定。

（2）企业的资信情况须由其开户银行提供证明。

（3）企业的带动能力和利益联结关系情况须由县以上农经部门提供说明。应将企业带动农户情况进行公示，接受社会监督。

（4）企业的纳税情况须由企业所在地税务部门出具企业近 3 年内纳税情况证明。

（5）企业质量安全情况须由所在地农业部门提供书面证明。

（十一）申报程序

（1）申报企业直接向企业所在地的省（自治区、直辖市）农

第七章 农业产业化龙头企业的带动效应

业产业化工作主管部门提出申请。

（2）各省（自治区、直辖市）农业产业化工作主管部门对企业所报材料的真实性进行审核。

（3）各省（自治区、直辖市）农业产业化工作主管部门应充分征求农业、发改、财政、商务、人民银行、税务、证券监管、供销合作社等部门及有关商业银行对申报企业的意见，形成会议纪要，并经省（自治区、直辖市）人民政府同意，按规定正式行文向农业农村部农业产业化办公室推荐，并附审核意见和相关材料。

二、农业产业化龙头企业的认定

由农业经济、农产品加工、种植养殖、企业管理、财务审计、有关行业协会、研究单位等方面的专家组成国家重点龙头企业认定、监测工作专家库。

在国家重点龙头企业认定监测期间，从专家库中随机抽取一定比例的专家组建专家组，负责对各地推荐的企业进行评审，对已认定的国家重点龙头企业进行监测评估。专家库成员名单、国家重点龙头企业认定和运行监测工作方案，由农业农村部农业产业化办公室向全国农业产业化联席会议成员单位提出。

国家重点龙头企业认定程序和办法如下。

（1）专家组根据各省（自治区、直辖市）农业产业化工作主管部门上报的企业有关材料，按照国家重点龙头企业认定办法进行评审，提出评审意见。

（2）农业农村部农业产业化办公室汇总专家组评审意见，报全国农业产业化联席会议审定。

（3）全国农业产业化联席会议审定并经公示无异议的企业，认定为国家重点龙头企业，由八个部门联合发文公布名单，并颁发证书。

培育壮大新型农业经营主体带头人

三、农业产业化龙头企业的政策补贴

支持符合条件的龙头企业开展中低产田改造、高标准基本农田、土地整治、粮食生产基地、标准化规模养殖基地等项目建设，切实改善生产设施条件。国家用于农业农村的生态环境等建设项目，要对符合条件的龙头企业原料生产基地予以适当支持。

支持龙头企业带动农户发展设施农业和规模养殖，开展多种形式的适度规模经营，充分发挥龙头企业示范引领作用。深入实施"一村一品"强村富民工程，支持专业示范村镇建设，为龙头企业提供优质、专用原料。支持符合条件的龙头企业申请"菜篮子"产品生产扶持资金。龙头企业直接用于或者服务于农业生产的设施用地，按农用地管理。鼓励龙头企业使用先进适用的农机具，提升农业机械化水平。

鼓励龙头企业开展粮棉油糖示范基地、园艺作物标准园、畜禽养殖标准化示范场、水产健康养殖示范场等标准化生产基地建设。支持龙头企业开展质量管理体系和绿色食品、有机、地理标志农产品认证。有关部门要建立健全农产品标准体系，鼓励龙头企业参与相关标准制定，推动行业健康有序发展。

鼓励龙头企业引进先进适用的生产加工设备，改造升级储藏、保鲜、烘干、清选分级、包装等设施装备。对龙头企业符合条件的固定资产，按照法律法规规定，缩短折旧年限或者采取加速折旧的方法折旧。对龙头企业从事国家鼓励发展的农产品加工项目且进口具有国际先进水平的自用设备，在现行规定范围内免征进口关税。对龙头企业购置符合条件的环境保护、节能节水等专用设备，依法享受相关税收优惠政策。对龙头企业带动农户与农民合作社进行产地农产品初加工的设施建设和设备购置给予扶持。

鼓励龙头企业合理发展农产品精深加工，延长产业链条，提

第七章 农业产业化龙头企业的带动效应

高产品附加值。认真落实国家有关农产品初加工企业所得税优惠政策。保障龙头企业开展农产品加工的合理用地需求。

支持龙头企业以农林剩余物为原料的综合利用和开展农林废弃物资源化利用、节能、节水等项目建设,积极发展循环经济。研发和应用餐厨废弃物安全资源化利用技术。加大畜禽粪便集中资源化力度,发挥龙头企业在构建循环经济产业链中的作用。

支持大型农产品批发市场改造升级,鼓励和引导龙头企业参与农产品交易公共信息平台、现代物流中心建设,支持龙头企业建立健全农产品营销网络,促进高效畅通安全的现代流通体系建设。大力发展农超对接,积极开展直营直供。支持龙头企业参加各种形式的展示展销活动,促进产销有效对接。规范和降低超市和集贸市场收费,落实鲜活农产品运输"绿色通道"政策,结合实际完善适用品种范围,降低农产品物流成本。铁路、交通运输部门要优先安排龙头企业大宗农产品和种子等农业生产资料运输。

鼓励龙头企业大力发展连锁店、直营店、配送中心和电子商务,研发和应用农产品物联网,推广流通标准化,提高流通效率。支持龙头企业改善农产品储藏、加工、运输和配送等冷链设施与设备。支持符合条件的国家和省级重点龙头企业承担重要农产品收储业务。探索发展生猪等大宗农产品期货市场。鼓励龙头企业利用农产品期货市场开展套期保值,进行风险管理。

鼓励和引导龙头企业创建知名品牌,提高企业竞争力。支持龙头企业申报和推介驰名商标、名牌产品、原产地标记、农产品地理标志,并给予适当奖励。整合同区域、同类产品的不同品牌,加强区域品牌的宣传和保护,严厉打击仿冒伪造品牌行为。

落实《国务院关于促进企业兼并重组的意见》的相关优惠政策,支持龙头企业通过兼并、重组、收购、控股等方式,组建大型企业集团。支持符合条件的国家重点龙头企业上市融资、发行债券、在境外发行股票并上市，增强企业发展实力。积极有效利用外资，在符合世贸组织规则前提下加强对外商投资的管理，按照《国务院办公厅关于建立外国投资者并购境内企业安全审查制度的通知》的规定，对外资并购境内龙头企业做好安全审查。

积极创建农业产业化示范基地，支持农业产业化示范基地开展物流信息、质量检验检测等公共服务平台建设。引导龙头企业向优势产区集中，推动企业集群集聚，培育壮大区域主导产业，增强区域经济发展实力。

鼓励龙头企业加大科技投入，建立研发机构，加强与科研院所和大专院校合作，培育一批市场竞争力强的科技型龙头企业。通过国家科技计划和专项等支持龙头企业开展农产品加工关键和共性技术研发。鼓励龙头企业开展新品种、新技术、新工艺研发，落实自主创新的各项税收优惠政策。鼓励龙头企业引进国外先进技术和设备，消化吸收关键技术和核心工艺，开展集成创新。发挥龙头企业在现代农业产业技术体系、国家农产品加工技术研发体系中的主体作用，承担相应创新和推广项目。

农业技术推广机构要积极为龙头企业开展技术服务，引导龙头企业为农民开展技术指导、技术培训等服务。各类农业技术推广项目要将龙头企业作为重要的实施主体。

鼓励龙头企业采取多种形式培养业务骨干，积极引进高层次人才，并享受当地政府人才引进待遇。有关部门要加强对龙头企业经营管理和生产基地服务人员的培训，组织业务骨干到科研院所学习进修。鼓励和引导高校毕业生到龙头企业就业，对符合基层就业条件的，按规定享受学费补偿和国家助学贷款代偿等政策。

鼓励龙头企业采取承贷承还、信贷担保等方式，缓解生产基地农户资金困难。鼓励龙头企业资助订单农户参加农业保险。支持龙头企业与农户建立风险保障机制，对龙头企业提取的风险保

第七章 农业产业化龙头企业的带动效应

障金在实际发生支出时,依法在计算企业所得税前扣除。

引导龙头企业创办或领办各类专业合作组织,支持农民合作社和农户入股龙头企业,支持农民合作社兴办龙头企业,实现龙头企业与农民合作社深度融合。鼓励龙头企业采取股份分红、利润返还等形式,将加工、销售环节的部分收益让利给农户,共享农业产业化发展成果。

充分发挥龙头企业在构建新型农业社会化服务体系中的重要作用,支持龙头企业围绕产前、产中、产后各环节,为基地农户积极开展农资供应、农机作业、技术指导、疫病防治、市场信息、产品营销等各类服务。

逐步建立龙头企业社会责任报告制度。龙头企业要依法经营,诚实守信,自觉维护市场秩序,保障农产品供应。强化生产全过程管理,确保产品质量安全。积极稳定农民工就业,大力开展农民工培训,引导企业建立人性化的企业文化,营造良好的工作环境和生活环境,保障农民工合法权益。加强节能减排,保护资源环境。积极参与农村教育、文化、卫生、基础设施等公益事业建设。龙头企业用于公益事业的捐赠支出,对符合法律法规定的,在计算企业所得税前扣除。

积极引导和帮助龙头企业利用普惠制和区域性优惠贸易政策,增强出口农产品的竞争力。加强农产品外贸转型升级示范基地建设,扩大优势农产品出口。在有效控制风险的前提下,鼓励利用出口信用保险为农产品出口提供风险保障。提高通关效率,为农产品出口提供便利。支持龙头企业申请商标国际注册,积极培育出口产品品牌。

引导龙头企业充分利用国际国内两个市场、两种资源,拓宽发展空间。扩大农业对外合作,创新合作方式。完善农产品进出口税收政策,积极对外谈判,签署避免双重征税协议。对龙头企业境外投资项目所需的国内生产物资和设备,提供通关便利。

培育壮大新型农业经营主体带头人

切实做好龙头企业开拓国际市场的指导和服务工作，加强对国际农产品贸易投资的法律政策研究，及时发布市场预警信息和投资指南。完善农产品贸易摩擦应诉机制，积极应对各类贸易投资纠纷。进一步完善农产品出口检验检疫制度，继续对出口活畜、活禽、水生动物以及免检农产品全额免收出入境检验检疫费，对其他出口农产品减半收取检验检疫费。

各级财政要多渠道整合和统筹支农资金，在现有基础上增加扶持农业产业化发展的相关资金，切实加大对农业产业化和龙头企业的支持力度。中小企业发展专项资金要将中小型龙头企业纳入重点支持范围，国家农业综合开发产业化经营项目要向龙头企业倾斜。农业发展银行、进出口银行等政策性金融机构要加强信贷结构调整，在各自业务范围内采取授信等多种形式，加大对龙头企业固定资产投资、农产品收购的支持力度。鼓励农业银行等商业性金融机构根据龙头企业生产经营的特点合理确定贷款期限、利率和偿还方式，扩大有效担保物范围，积极创新金融产品和服务方式，有效满足龙头企业的资金需求。大力发展基于订单农业的信贷、保险产品和服务创新。鼓励融资性担保机构积极为龙头企业提供担保服务，缓解龙头企业融资难问题。中小企业信用担保资金要将中小型龙头企业纳入重点支持范围。全面清理取消涉及龙头企业的不合理收费项目，切实减轻企业负担，优化发展环境。

符合下列条件的重点龙头企业，暂免征收企业所得税。

（1）经过全国农业产业化联席会议审查认定为重点龙头企业。

（2）生产经营期间符合《农业产业化国家重点龙头企业认定及运行监测管理暂行办法》的规定。

（3）从事种植业、养殖业和农林产品初加工，并与其他业务分别核算。

第七章　农业产业化龙头企业的带动效应

重点龙头企业所属的控股子公司，其直接控股比例超过50%（不含50%）的，且控股子公司符合上述规定的，可享受重点龙头企业的税收优惠政策。

健全农业产业化调查分析制度，建立省级以上重点龙头企业经济运行调查体系，加强行业发展跟踪分析。完善重点龙头企业认定监测制度，实行动态管理。建立健全主要农产品生产信息收集和发布平台，无偿为龙头企业的生产经营决策提供所需信息。发挥龙头企业协会的作用，加强行业自律，规范企业行为，服务会员和农户。认真总结龙头企业带动农户增收致富、发展现代农业的好经验、好做法，大力宣传农业产业化发展成果，对发展农业产业化成绩突出的单位和个人按照国家有关规定给予表彰奖励，营造全社会关心支持农业产业化和龙头企业发展的良好氛围。

第四节　龙头企业的品牌管理与价值链创新

一、现代农业产业化品牌管理

（一）树立正确的品牌经营理念

品牌是生产者与消费者有效沟通的桥梁。商品的交换，必须建立在沟通的基础上，生产者必须将商品信息及相关知识告之消费者，消费者也将获得商品的知识作为选择商品的依据。如果不能有效地实现生产者与消费者的沟通，生产者则很难销售产品，消费者也不知如何选购产品。

品牌作为产品的代言人，以其简洁直接的描述将生产者及产品的信息传递给消费者，方便消费者选购。

品牌综合了产品质量、性能、技术以及服务等多个因素，有了品牌，消费者就可以认牌购买，对一种品牌产品的消费，使消费者对这种品牌有了自己的独特感受和体验,并通过品牌的信誉,可以得到品牌产品的质量保证,享受到品牌的售后服务。

品牌差异以及标志使消费者更容易辨认产品,可以节省时间和精力,而品牌也往往使人们更快地做出购买决定。

(二)在市场细分的基础上进行品牌定位

我国农产品营销一直实行的是无差异性营销,农户生产单一的农产品去满足整体市场上所有消费者的需求,而没有认识到消费者对农产品的需求也存在着差异性。

农业生产应把整体分成若干个细分市场,实行差异化营销。竞争越激烈,市场细分得越多,对消费者需求的把握程度就越高,品牌的竞争优势就越强。

在市场细分的基础上,农产品应和当地文化结合起来,赋予品牌更多的文化内涵,进行品牌定位,塑造独特的品牌形象。这是提升企业品牌灵魂的必经之路。

二、价值链创新

价值链创新是农业龙头企业提升市场竞争力、增加市场份额和盈利能力的核心战略。农业产业的价值链通常涵盖从农产品的生产、加工、运输到销售等多个环节。农业龙头企业通过对这些环节的持续创新与优化,不仅能显著提高生产效率、降低成本,还能提升产品的附加值,拓展市场需求,并增加企业的长期竞争力。通过价值链创新,企业能够创造更多的经济价值,并在全球市场上占据有利位置。

(一)生产环节的创新

生产环节作为农业价值链的起点,直接决定着农产品的质量、产量和成本,是提升整个产业链效率的关键环节。农业龙头企业在这一环节中的创新,主要体现在技术的应用和生产方式的优化,以实现高效、绿色和可持续的生产。

第七章 农业产业化龙头企业的带动效应

1. 智能农业与精准农业

随着现代技术的进步,农业生产已经逐渐迈向"智能化"和"精准化"阶段。农业龙头企业通过引入物联网、大数据、无人机、人工智能等技术,可以实现对生产环节的精确管理。

(1) 物联网技术

通过物联网设备,企业可以实时监控土壤、空气、水分等关键环境因素,自动调节灌溉和施肥系统,确保作物获得最佳的生长条件。

(2) 大数据分析

通过分析历史数据和气候数据,农业龙头企业可以预测作物的生长周期、收成量以及病虫害的发生概率,从而精确制定农事计划,提高生产效率。

(3) 无人机与自动化设备

无人机可以用于精准喷洒农药和肥料,减少浪费并提高作物的健康水平。此外,自动化设备也能够替代传统人工劳动,降低生产成本,提高生产效率。

通过这些技术手段,农业龙头企业不仅能够提高土地利用率,还能大幅度提升作物的产量和质量,从而降低生产成本,并确保农产品满足市场需求。

2. 绿色生产技术

绿色生产技术是农业农村现代化和可持续发展的基础,特别是在环保法规日益严格和消费者对绿色产品需求日益增长的背景下,绿色农业成为龙头企业的核心竞争力之一。

(1) 有机农业

农业龙头企业可以通过推广有机种植方式,避免使用化学肥料和农药,减少对环境的污染。通过建立完善的有机认证体系,确保消费者获得高质量、无害的农产品。

(2) 生态农业

生态农业不仅强调农业生产的环保性,还注重资源的循环利

用。农业企业通过采用生态种养结合、农田生态系统保护等方式,提升土壤质量,保持生物多样性,从而保障农业生产的可持续性。

绿色生产技术的应用,不仅能够提高农产品的安全性,增强市场竞争力,还能提升品牌形象,增强消费者的信任感。

(二) 加工环节的创新

加工环节是农业产业价值链中非常关键的一部分。通过深加工和技术创新,农产品可以从原材料转化为高附加值的产品,开辟新的市场空间。农业龙头企业在加工环节的创新,主要体现在提升生产工艺、拓展产品种类和满足市场需求等方面。

1. 深加工与产品多样化

农业龙头企业通过技术创新和设备升级,将生鲜农产品加工成多样化的产品,满足市场对健康、便利和高品质产品的需求。

(1) 农产品深加工

例如,企业可以通过研发技术,将新鲜水果加工成果汁、果脯、果酱等附加值高的产品,延长产品的保质期,增加产品的市场竞争力。

(2) 便利食品加工

随着消费者对便捷、高效的需求日益增长,农业龙头企业通过开发方便食品(如即食食品、快餐类农产品等),满足了快速生活节奏下的市场需求。

(3) 保健食品与功能性食品

除了传统农产品的加工,龙头企业还可以根据市场趋势,开发含有特殊功能的农产品,如富含营养成分的有机食品、抗氧化食品等,满足消费者对健康和营养的需求。

深加工不仅能够提升产品的附加值,还能拓宽销售渠道,提高企业的利润空间。

第七章 农业产业化龙头企业的带动效应

2. 品牌化加工

加工环节的创新不仅是生产工艺的优化,还包括品牌化的打造。农业龙头企业通过标准化、精细化的加工工艺和严格的质量控制,确保每一批产品的质量一致性,提升品牌的市场竞争力。

(1) 生产标准化

企业可以通过自动化设备、精细化的生产流程和质量管理体系,确保农产品的加工过程符合高标准,从而保证产品质量。

(2) 品牌化包装

企业通过创新包装设计和高端包装材料,提升产品的外观价值和市场吸引力。同时,包装设计可以体现品牌的独特性和文化内涵,使产品更具辨识度。

品牌化的加工不仅提升了企业的市场形象,还能够通过高附加值的产品提高企业的市场占有率。

(三) 流通与销售环节的创新

流通环节是农业价值链中的关键环节,它直接决定着农产品从生产地到消费者手中的效率和成本。农业龙头企业在流通与销售环节的创新,主要体现在提升物流效率、降低成本、拓展销售渠道等方面。

1. 冷链物流与全程追溯

农业龙头企业通过建设冷链物流系统,确保农产品在运输和储存过程中的质量和新鲜度,减少产品损耗,确保消费者能够获得优质的农产品。

(1) 冷链物流系统

通过采用温控运输、冷藏储存等技术,企业能够保持农产品的新鲜和营养成分,延长产品的货架期,满足消费者对品质的高要求。

(2) 全程追溯系统

通过引入 RFID 标签、二维码等技术,企业能够追踪农产品

的生产、加工、运输等各个环节，确保食品的可追溯性。这不仅增加了消费者的信任感，也提升了产品的安全性。

2. 电商平台与线上线下结合

电商平台和线上线下结合的销售模式，为农业龙头企业拓展市场提供了新的机遇。

（1）电商平台

通过与大型电商平台合作，企业能够突破地域限制，将农产品销售到全国乃至全球。同时，电商平台也为消费者提供了更方便的购买渠道。

（2）O2O 销售模式

通过结合线下实体门店与线上电商平台，企业能够实现线下体验与线上购买的无缝对接，提高销售的灵活性和市场覆盖率。

这种线上线下结合的全渠道销售模式，既能提高销售效率，也能通过大数据分析帮助企业精确把握消费者需求，优化生产和库存管理。

（四）金融与服务环节的创新

除了传统的生产和销售环节，农业龙头企业在金融和技术服务环节的创新同样不可忽视。

1. 农业金融服务创新

农业企业可以通过与金融机构合作，为农民和农业生产者提供低息贷款、保险服务和风险管理等金融支持，推动农业产业的健康发展。

（1）低息贷款与资金支持

农业龙头企业通过与银行等金融机构的合作，为农民和合作社提供贷款支持，帮助他们提高生产能力。

（2）农业保险与风险管理

通过创新农业保险产品，企业能够帮助农民规避自然灾害等风险，确保生产的稳定性和农民的收益。

2. 农技服务创新

农业龙头企业还可以通过提供技术咨询、农技培训等服务，提升农民的技术水平，推动农业科技的普及和应用。

（1）农技培训与咨询服务

通过与农业科研机构的合作，企业能够为农民提供最新的农业技术培训，帮助他们提高生产技术，增加产量和收入。

（2）科技成果推广

农业龙头企业还可以帮助农民引进先进的种植、养殖技术，推广新型农机具和生产设施，进一步提高生产效率。

第八章　绿色农业与可持续发展的引领作用

第一节　绿色农业的核心理念与发展趋势

绿色农业作为现代农业发展的重要方向，旨在实现农业生产的可持续性，既满足当前的生产需求，又保障资源的长远利用与生态环境的保护。随着全球人口的增长、环境问题的日益严峻以及消费者对食品安全、健康的关注，绿色农业逐渐成为农业发展的主流趋势。它不仅涉及农产品的生产模式，还涵盖了农业资源的管理、生态系统的保护以及社会责任的履行。绿色农业的核心理念和发展趋势反映了农业农村现代化、环保需求和食品安全保障的深刻变化。

一、绿色农业的核心理念

绿色农业的核心理念是实现生态、经济和社会的三重可持续性，这一理念不仅是减少化学物质的使用，更是通过综合措施提升农业系统的整体效能，推动农业与环境、社会的和谐发展。

（一）生态优先

绿色农业将生态系统的保护与恢复放在首位，强调农业生产与自然环境的和谐共生。它提倡通过生态农业技术实现土壤、空气、水源等自然资源的保护，以确保农业生产的长远可持续性。

1. 土壤保护

绿色农业强调使用有机肥料、轮作、间作等技术，减少化学肥料的使用，从而避免土壤酸化、盐碱化、结构破坏等问题。

2. 水资源管理

通过节水灌溉技术、雨水收集等措施，优化水资源的使用效率，减轻农业用水对环境的负担。

3. 生物多样性

通过种植多样化作物、保护自然栖息地等手段，保护农业生态系统中的物种多样性，减少害虫病害的发生，并提升生态环境的自我调节能力。

（二）资源节约

绿色农业的另一大核心理念是资源的高效利用和节约，避免资源的浪费并尽可能实现资源的循环使用。这包括从生产、加工、运输到消费的全产业链中的资源节约和资源再利用。

1. 能源节约

鼓励农业生产过程中使用节能设备、可再生能源（如太阳能、风能等），减少对传统化石能源的依赖，降低碳排放。

2. 物质循环利用

通过农田废弃物的回收与利用，如秸秆还田、动物粪便堆肥等方式，减少农业废弃物对环境的污染，并将其转化为肥料，提升资源的利用效率。

3. 绿色技术应用

采用高效、低耗的绿色生产技术，如精准农业、智能化农业技术等，通过技术手段提升农业资源利用的效率，减少对自然资源的消耗。

（三）健康安全

绿色农业强调生产过程中的食品安全，旨在提供无害、健康的农产品。通过限制或避免使用对人体有害的化学药品，保障消费者的健康。

1. 无化学污染

绿色农业强调有机种植、天然农药的使用，减少或避免化学肥料和农药的使用，确保农产品不含有害化学物质。

2. 食品安全控制

建立从田间到餐桌的食品安全追溯系统，确保农产品的生产、加工、储运全过程符合食品安全标准，提升消费者的信任度。

3. 营养丰富

在绿色农业中，作物的选择、种植方式和加工工艺都旨在提升农产品的营养价值，为消费者提供更加健康的食物。

（四）经济效益与社会责任

绿色农业不仅关注环境保护和食品安全，还要求通过创新与优化，实现农业经济效益的最大化。同时，绿色农业注重农民的经济收入、生活质量以及社会责任的履行。

1. 农民增收

通过绿色农业的推广，农民可以获得更高的农产品附加值，增加收入来源。特别是有机农业、特色农产品的品牌化经营，能为农民带来稳定的市场和更高的利润。

2. 社会责任

绿色农业也强调企业的社会责任，鼓励企业在推动可持续农业发展的过程中，积极参与环境保护、乡村振兴、公益等社会活动，促进农村社会的全面进步。

二、绿色农业的发展趋势

绿色农业的未来发展将受到技术创新、政策支持、市场需求等多方面因素的推动，呈现出以下几个重要发展趋势。

（一）智能化与精准化发展

随着科技的进步，尤其是信息技术、物联网、大数据、人工

第八章 绿色农业与可持续发展的引领作用

智能等的应用,绿色农业正逐步向智能化和精准化方向发展。这种趋势不仅提高了农业生产的效率和精确度,也使得资源的使用更加高效、精准。

1. 精准农业

利用 GPS、传感器、无人机等技术进行土壤、作物、气候等数据的精准采集和分析,提供科学、合理的农业决策。精准灌溉、精准施肥等技术使得农业生产更加环保、高效。

2. 智能化设备

智能化农机设备的使用,如自动化播种机、无人驾驶农机、智能温室等,能够减少人工成本,提高作物的生长管理效率,并最大限度地减少资源浪费。

(二) 有机农业的增长

有机农业作为绿色农业的重要组成部分,未来将迎来更快速的发展。消费者对有机、绿色食品的需求不断增长,推动了有机农业生产体系的发展。

1. 市场需求

随着消费者健康意识的提升,绿色、无化学添加的有机食品需求大幅上升。有机农业不仅在国内市场需求增长,同时也在国际市场上展现了广阔的潜力。

2. 政策扶持

各国政府出台了关于有机农业的支持政策,如补贴、认证、市场开拓等,这为有机农业的发展提供了强有力的支持。

(三) 农业资源的循环利用

绿色农业的发展趋势之一是大力推动农业资源的循环利用,减少资源浪费,推动农田生态系统的自我修复与恢复。

1. 农业废弃物的循环利用

农业生产中产生的废弃物(如秸秆、动物粪便等)将不再被简单地丢弃或焚烧,而是通过堆肥、沼气发酵、秸秆还田等方式

得到有效利用,转化为肥料、能源等资源。

2. 循环农业模式

在农业生产中,采用农业与养殖业相结合、农业与林业相结合等多元化经营模式,构建农业资源的闭环循环系统,减少资源的外部输入,提升生态效益。

(四)政策支持与绿色补贴

为了促进绿色农业的发展,各国政府将进一步加大政策扶持力度,包括提供税收优惠、财政补贴、绿色信贷等政策措施。

1. 绿色农业补贴

许多国家已开始出台绿色农业补贴政策,鼓励农民采用环保的生产方式,如有机种植、生态养殖等。同时,绿色信贷和保险政策也为绿色农业提供了融资支持。

2. 环保法规的推动

随着环保政策的加强,政府将通过立法和监管,推动农业产业的绿色转型。农民和农业企业将面临更多的环境标准和要求,推动其逐步转向绿色生产方式。

(五)绿色农业的全球化发展

随着全球化进程的加速,绿色农业不仅是一个国家或地区的问题,而是全球范围内的趋势。全球食品安全、环境保护和气候变化等问题要求各国共同推动绿色农业的发展。

1. 跨国合作

国际在绿色农业领域的合作将不断加强,特别是在技术转移、市场准入、绿色认证等方面的合作。发达国家和发展中国家之间可以通过合作共享绿色农业的技术与经验。

2. 全球市场

随着消费者对绿色、可持续产品需求的提升,全球市场对绿色农业产品的需求也在增加,推动了绿色农业产业链的全球化发展。

第八章 绿色农业与可持续发展的引领作用

第二节 绿色农业技术对经营主体的提升作用

绿色农业技术是推动农业可持续发展的关键,其核心目标是通过采用环境友好、资源节约的技术手段,提高农业生产效益,同时确保生态环境和农产品的质量安全。在现代农业生产中,绿色农业技术不仅为农民和农业经营主体提供了新的生产方式,还为他们带来了长期的经济效益、市场竞争力和社会责任的提升。具体来说,绿色农业技术对农业经营主体的提升作用主要体现在以下几个方面。

一、提高生产效率与资源利用率

绿色农业技术能够帮助农业经营主体提高资源的利用效率,尤其是在水、土地、化学肥料和能源等资源的使用上,减少浪费,降低生产成本,从而提高整体的生产效率和经济效益。

精准施肥与精准灌溉等精准农业技术,即绿色农业技术通过物联网、大数据和传感器等技术,能够实时监控土壤的养分、水分和温度,精确调整肥料和水分的供应,减少过量施肥和灌溉。这不仅有助于降低生产成本,也能提高作物的生长质量和产量。

1. 节水灌溉技术

使用滴灌、喷灌等节水灌溉技术,能够在减少水资源浪费的同时,确保作物得到适量的水分,尤其在水资源紧张的地区,节水技术的应用对于提高农业生产的可持续性至关重要。

2. 土壤保护与恢复

有机肥料和轮作技术:绿色农业技术强调使用有机肥料替代化学肥料,减少土壤污染。轮作和间作技术能够帮助改善土壤结构,恢复土壤肥力,降低土地退化风险,进而提高土地的长期生

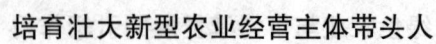

产能力。

二、提升农产品质量与安全性

随着消费者对食品安全和健康关注度的增加，绿色农业技术可以显著提高农产品的质量，满足消费者对高质量农产品的需求，增强农业经营主体的市场竞争力。

（一）优质农产品的生产

1. 有机农业技术

通过不使用化学农药、化学肥料等外部输入，有机农业技术保证了农产品的品质，符合国际食品安全标准。农民通过转型有机农业，不仅能够满足日益增长的健康食品需求，也能获得更高的市场价格和更强的品牌优势。

2. 绿色认证与追溯体系

随着消费者对食品安全的高度关注，绿色农业技术还可以帮助农产品获得绿色认证或有机认证，使其在市场中占有一席之地。同时，通过农产品追溯体系的建设，消费者可以追溯到产品的来源，进一步提高农产品的信任度。

（二）提升农业产品附加值

深加工技术：绿色农业技术不仅限于农业生产，还包括农产品的深加工技术。通过创新的加工技术，农业经营主体可以将生鲜农产品加工为附加值更高的产品，如有机果汁、有机干果、有机调料等，进一步提升农产品的市场竞争力。

三、增强农业经营主体的市场竞争力

绿色农业技术有助于提升农业经营主体的品牌竞争力和市场份额，帮助他们在激烈的市场竞争中脱颖而出。

第八章　绿色农业与可持续发展的引领作用

（一）品牌化发展与差异化竞争

1. 品牌形象塑造

采用绿色农业技术的经营主体可以通过其生态友好、可持续发展的生产方式，打造差异化的品牌形象，吸引注重健康与环保的消费者群体。这种品牌化经营可以提高产品的市场认知度和忠诚度，提升企业的市场竞争力。

2. 差异化产品

随着绿色农业技术的应用，农业经营主体能够生产出符合绿色、有机、地理标志等标签的高品质农产品，满足不同消费群体的需求，特别是在中高端市场上更具竞争力。

（二）满足政策与法规要求

1. 符合环保政策

随着环保法规和政策的逐步严格，绿色农业技术的应用帮助农业经营主体更好地遵守国家和地方政府对环境保护的相关规定，避免了因过度使用化学肥料、农药等导致的政策风险。

2. 获取政府补贴和奖励

绿色农业技术的使用能够帮助农业经营主体获取政府的绿色补贴、低息贷款等支持，降低经营风险，提升资金的流动性和发展潜力。

四、提升农业经营主体的可持续性与社会责任

绿色农业技术不仅能带来短期的经济效益，更重要的是帮助农业经营主体实现长期的可持续发展，增强其社会责任感和市场的长远竞争力。

（一）提高环境友好性与可持续发展能力

1. 减少环境污染

通过减少化学肥料和农药的使用，绿色农业技术能够有效减

少农业生产对环境的污染,降低土壤和水源的污染风险。农业经营主体通过采取环保技术,不仅有助于改善当地生态环境,还能符合社会对环境保护的要求。

2. 生态循环农业

通过循环农业技术,农业经营主体能够实现农业生产与生态环境的良性互动,推动农业生态系统的可持续发展。例如,通过农业废弃物的回收和再利用(如秸秆还田、粪肥处理等),农业经营主体能够实现资源的循环利用,减少资源浪费。

(二)增强农民的社会责任,促进农村发展

1. 提高农民收入

绿色农业技术帮助农民提高生产效率、提升农产品附加值,从而增加农民收入。绿色农业的推广也有助于创造更多的就业机会,特别是对于农村地区的农民而言,绿色农业能够改善他们的生活水平和生产条件。

2. 推动乡村振兴

绿色农业技术的应用有助于促进农村经济的发展,推动农业农村现代化和农村社会进步。农业经营主体在推广绿色农业的过程中,能够为当地提供更多的社会公共服务,支持乡村振兴战略的实施。

五、促进农业生态系统的健康与稳定

绿色农业技术能够保护和改善农业生态系统的健康,推动生态农业的发展,保证农业生产的长期稳定。

(一)生态农业的推广

农业多样性与生态平衡,绿色农业技术提倡多样化种植、生态养殖等方式,保持农业生态系统中的物种多样性。通过发展生态农业,农业经营主体可以减少单一品种对环境的压力,提高生态系统的抗逆能力和自我恢复能力。

第八章 绿色农业与可持续发展的引领作用

（二）适应气候变化与减少自然灾害的影响

气候智能型农业，绿色农业技术能够帮助农业经营主体更好地应对气候变化带来的不确定性。通过气候智能型农业技术（如抗旱耐涝作物的选育、气候预测系统的应用等），农业经营主体能够减少气候变化对农业生产的不利影响，保证生产的稳定性。

第三节 农业绿色发展政策的驱动作用

农业绿色发展政策是指国家和地方政府为促进农业可持续发展、保护环境、提高农业生产效率、提升农产品质量与安全而制定的一系列政策措施。这些政策不仅有助于推动农业绿色转型，还对农业经营主体的行为和农业产业链的优化产生深远影响。通过政策引导，农业绿色发展能够在保护生态环境、提高农业效益、促进农村经济发展等方面发挥积极作用。

一、推动农业绿色技术创新与应用

农业绿色发展政策对绿色技术的推广和应用起到了重要的驱动作用。政府通过制定政策、提供资金支持、建立技术服务平台等方式，鼓励农业经营主体采用绿色技术，推动农业生产的绿色转型。

（一）政策支持与资金投入

1. 财政补贴和奖励政策

政府通过财政补贴、税收优惠等手段支持农业经营主体采纳绿色生产技术，如有机农业、绿色肥料、环保农业设备等。这些财政支持降低了农业经营主体的绿色技术应用成本，激励他们实施绿色生产方式。

2. 绿色金融支持

绿色金融政策，如绿色贷款、环保信贷、农业保险等，为农

业经营主体提供资金支持,降低了绿色农业技术创新的资金门槛,推动了农业企业在绿色技术研发与应用中的投入。

(二)技术推广与知识普及

1. 农业技术推广体系

政府建立完善的农业技术推广体系,通过农业科技园区、示范基地等渠道,推广绿色农业技术的应用,帮助农民和农业经营主体掌握新的绿色生产技术。

2. 农民培训与教育

通过政策推动,政府组织农业培训和技术交流活动,提高农民和农业经营者的环保意识和技术水平,增强他们对绿色技术的认知和接受度。

二、优化资源配置与促进高效利用

农业绿色发展政策通过优化资源配置,促进农业资源的高效利用,减少浪费,推动资源循环利用,进而实现农业生产的可持续性。

(一)水土资源保护与节约

1. 水资源管理政策

政府出台的节水灌溉、节水农业等政策,鼓励农业经营主体采用现代化的灌溉系统,如滴灌、喷灌等高效节水技术,以提高水资源的利用率。政策还支持农村地区的水利基础设施建设,提高农业用水效率。

2. 土壤保护政策

政府对农业生产中的土壤保护采取了政策措施,如减少化学肥料使用、禁止乱砍滥伐、推动轮作和间作等,以保持土壤肥力和减少土地退化,确保农业长期稳定发展。

（二）农业废弃物的资源化与循环利用

1. 农业废弃物利用政策

政府通过立法和政策鼓励农业废弃物的回收和再利用。例如，秸秆还田、粪便处理、废弃物转化为有机肥料等政策，有效减少了农业废弃物对环境的污染，同时推动了农业资源的循环利用。

2. 农村环保设施建设

政策支持农村地区建设环境保护设施，如垃圾处理设施、污水处理厂等，减少农业生产和生活污染源，推动农村生态环境的改善。

三、提升农产品质量与安全保障

农业绿色发展政策对提升农产品的质量安全，保障消费者的健康起到了至关重要的作用。绿色农业政策通过加强产品质量监管、引导农业生产方式的变革，从而推动农产品品质的提高。

（一）有机农业与绿色认证体系

1. 有机农业政策

政府通过制定有机农业发展规划、实施有机认证标准、提供有机农业补贴等措施，推动有机农业的发展。通过有机认证，农产品能够进入更高端的市场，提高其附加值，满足消费者对绿色、安全食品的需求。

2. 绿色农产品认证

政策推动绿色农产品认证体系建设，帮助农产品通过绿色标识进入市场，提升品牌价值与市场认知度。政府通过对绿色认证的支持，鼓励农业经营主体生产绿色、有机农产品，提高市场的竞争力。

（二）食品安全监管与追溯系统

1. 食品安全法与监管政策

农业绿色发展政策鼓励农业经营主体建设食品安全追溯体系，实现从田间到餐桌的全程监控，确保农产品生产过程中不使用有害化学物质，避免农产品污染，提高食品安全保障。

2. 农业标准化政策

政府通过政策推动农产品生产的标准化和规范化，制定和实施严格的生产标准，确保农产品在生产、加工和流通过程中的质量安全。

四、促进农业经营主体转型与提升竞争力

农业绿色发展政策通过引导农业经营主体向绿色、可持续发展方向转型，提升其在国内外市场中的竞争力。

（一）推动农业经营主体的规模化与专业化

1. 农民合作社与农业企业扶持政策

政府通过鼓励农民合作社和农业企业的发展，推动农业生产的规模化、专业化经营。政策鼓励合作社和企业采用绿色技术，提高农业生产的集约化和专业化水平，从而提高生产效益。

2. 支持龙头企业发展

政策扶持农业产业化龙头企业，尤其是绿色农业龙头企业，帮助其发展绿色生产模式、开拓绿色市场，推动农业产业链的延伸和高附加值产品的生产，提高市场竞争力。

（二）市场引导与绿色产品推广

1. 绿色产品市场拓展政策

政府通过政策推动绿色产品的市场推广，支持绿色农产品进入国内外市场，扩大绿色农业产品的消费基础。通过电商平台、农超对接等渠道，农业经营主体能够更便捷地进入市场。

第八章 绿色农业与可持续发展的引领作用

2. 绿色农产品的品牌建设

政府支持绿色农产品品牌建设,帮助农业经营主体建立市场认知度和消费者忠诚度,通过品牌化经营提高市场占有率和附加值。

五、增强农业生态文明建设与社会责任

农业绿色发展政策不仅促进了农业经济的可持续发展,也推动了农业生态文明建设,增强了农业经营主体的社会责任感。

（一）生态农业与可持续发展

1. 推动生态农业发展

政府政策倡导发展生态农业,鼓励农业经营主体保护生态环境,采用种植、养殖与环境保护相结合的生产模式,推动农业生态系统的恢复与维持,实现农业生产的可持续性。

2. 绿色发展的社会责任

农业绿色发展政策强调农业经营主体的社会责任,鼓励他们在保护环境、提高农民收入、支持乡村振兴等方面积极作为,为农民创造更好的生产条件和生活环境。

（二）加强农村环境保护与乡村振兴

1. 绿色乡村建设政策

政府通过出台乡村振兴战略政策,推动绿色农业与农村环境的改善,鼓励农业经营主体参与农村环境保护、基础设施建设、生态旅游等活动,实现农村经济、社会和生态的全面可持续发展。

2. 促进农业可持续发展目标

农业绿色发展政策为农业可持续发展提供了法律和政策保障,通过加强农业资源保护、农业环境整治和农村社会发展等多方面的政策支持,推动农业经营主体的可持续发展。

培育壮大新型农业经营主体带头人

第四节 新型农业经营主体的生态价值

新型农业经营主体是指以家庭农场、专业大户、农民合作社、农业产业化龙头企业等为代表的农业经营模式,它们通过规模化、专业化、集约化的生产方式,推动农业产业链的延伸和创新,成为现代农业发展的重要力量。随着绿色农业和可持续发展理念的深入人心,新型农业经营主体不仅承担着经济发展的责任,还在生态保护和环境可持续性方面发挥着越来越重要的作用。其生态价值体现在以下几个方面。

一、促进生态农业的可持续发展

新型农业经营主体在推动农业农村现代化的同时,注重生态环境的保护,积极推广生态农业生产方式,促进农业的可持续发展。

(一) 生态农业的规模化与集约化

新型农业经营主体通过规模化和集约化经营,有助于实现土地资源的高效利用,避免资源浪费。相比于传统的小农户分散经营,规模化农业能够更好地进行土地和资源的综合利用,推动农业与环境的协调发展。

1. 节水灌溉和精准农业

在水资源紧张的背景下,新型农业经营主体广泛采用节水灌溉技术(如滴灌和喷灌)以及精准农业技术(如自动化监控系统、土壤传感器等),提高水资源利用效率,减少浪费。

2. 绿色生产技术的应用

新型农业经营主体通常具有更强的资金和技术支持,在生产过程中推行有机肥料、低污染农药的使用,以及绿色种植、养殖方式,减少对环境的负面影响,推动土壤和水源的长期可持

第八章 绿色农业与可持续发展的引领作用

续性。

(二)保护生物多样性

新型农业经营主体在农业生产中通过种植多样化作物、采取生物防治等方式保护生态系统的生物多样性。

1. 多样化种植与养殖

多样化的种植和养殖模式不仅有助于提升农业生产的抗风险能力,还能够为农业生态系统提供更丰富的栖息环境,促进生物多样性的保护。

2. 生态养殖与种植结合

通过发展生态种养结合模式,新型农业经营主体有助于保持农业生态系统的稳定性,例如将农作物种植与生态养殖结合,实现资源的高效循环。

二、推动农业废弃物的资源化与循环利用

新型农业经营主体在绿色发展过程中,重视农业废弃物的循环利用,减少资源浪费,实现资源的最大化利用,从而降低农业对环境的负面影响。

(一)农业废弃物的回收与转化

新型农业经营主体通过技术创新和管理创新,将农业废弃物(如秸秆、畜禽粪便等)转化为有用资源,推动资源的循环利用。

1. 秸秆还田与堆肥技术

秸秆还田不仅能够改善土壤质量,还能够减少焚烧秸秆带来的空气污染。通过堆肥技术,将农业废弃物转化为有机肥料,减少化学肥料的使用,提高土壤的有机质含量。

2. 沼气生产与废弃物处理

通过沼气池等设施将畜禽粪便转化为沼气,既解决了废弃物处理问题,也提供了可再生能源,减少了农业生产过程中对化石能源的依赖。

 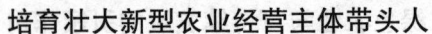

(二) 农业废弃物对环境的减负

新型农业经营主体通过推动农业废弃物的资源化，减少了农业废弃物直接排放到环境中的压力，尤其是减少了对土壤、水体和大气的污染。

1. 减少环境污染

通过农业废弃物的有序回收与处理，减少了废弃物直接堆放或焚烧产生的污染物排放，改善了农业生产区域的生态环境质量。

2. 减少温室气体排放

合理的废弃物处理和资源化利用，减少了农业生产过程中甲烷和其他温室气体的排放，帮助应对气候变化。

三、推动绿色消费与生态文明建设

新型农业经营主体通过推广绿色、有机农产品，促进了消费者环保意识的提升和绿色消费的普及，助力生态文明建设。

(一) 推广绿色、有机农产品

新型农业经营主体生产的绿色、有机农产品往往符合更高的环保和食品安全标准，能够满足消费者对健康、无污染食品的需求。通过绿色、有机农业的推广，消费者可以直接选择环境友好的产品，从而推动社会对可持续消费的关注。

1. 有机农业认证与品牌建设

新型农业经营主体通常会申请有机农业认证，并通过品牌建设推广有机农产品，帮助消费者认识到绿色农业的生态价值。

2. 绿色供应链建设

新型农业经营主体不仅关注自身的绿色生产，还推动整个农业产业链的绿色转型，确保从农田到餐桌的每一环节都符合绿色标准。

第八章 绿色农业与可持续发展的引领作用

(二) 增强生态文明意识

新型农业经营主体通过自身的绿色发展实践,积极推动社会的生态文明建设,增强公众的环境保护意识和责任感。

1. 社会责任的履行

新型农业经营主体在环境保护、生态修复等方面的实践,展现了农业企业的社会责任,推动农业领域在实现经济效益的同时,更加注重生态效益。

2. 推广生态文明理念

通过生产和销售绿色产品,农业经营主体不仅提升了企业形象,也助力了绿色发展理念的普及,推动全社会形成绿色、可持续的消费模式。

四、优化农业生态环境与提高农业生态稳定性

新型农业经营主体的生态价值还体现在它们通过生态农业技术的推广,增强农业生产的稳定性和抗风险能力,减少农业生态系统的脆弱性。

(一) 增强生态系统的自我修复能力

新型农业经营主体在农业生产过程中积极采用生态修复技术,通过改变单一作物的种植方式,恢复农业生态系统的多样性和稳定性。

1. 土壤修复与生态恢复

如通过轮作、间作等方式恢复土壤的自然肥力,减少病虫害的发生,提高土壤的抗旱能力,增强农业生产的可持续性。

2. 水土保持与气候适应

新型农业经营主体通过植被恢复、水土保持等技术,保护生态环境,提高农业生产系统对气候变化的适应能力,减少极端气候对农业的负面影响。

(二)农业与自然环境的和谐共生

新型农业经营主体追求的是农业生产与自然环境的和谐发展,力求在满足当前农业需求的同时,尽量减少对自然资源的过度消耗和环境的破坏。

生态农业模式的推广。新型农业经营主体不仅关注产量,还注重生态环境的长期健康。通过发展生态农业模式,避免过度开垦和单一作物种植,提升农业系统的韧性和多样性。

第九章 农业品牌建设与带头人市场能力提升

第一节 农业品牌化建设的理论基础

农业品牌化建设是农业农村现代化发展过程中重要的一环，其目标是通过提升农产品的品牌价值，提高市场竞争力、促进农业增值、改善农民收入。农业品牌化不仅关乎农业产品的市场定位、宣传推广，更涉及农产品质量、农业生产方式、生态环境保护等多方面的内容。其理论基础涵盖了品牌管理、市场营销、消费者行为、供应链管理等多个领域，涉及如何从多角度构建强有力的农业品牌，以提升其在市场中的长期竞争力。

以下是农业品牌化建设的主要理论基础。

一、品牌管理理论

品牌管理是农业品牌化建设的核心理论之一。品牌管理理论主要关注品牌的创建、发展、维护和优化等方面，旨在通过品牌的独特性、声誉和认知度来获得市场竞争优势。

(一) *品牌识别与差异化*

品牌的核心是其能够在市场中脱颖而出，区别于其他同类产品。农业品牌的差异化通常通过产品的质量、特色、生产方式、产地等元素来实现。

1. *产品差异化*

农业品牌化不仅仅是在产品包装和广告上有所不同，更重要

的是在产品本身上形成差异。例如,有机农业、绿色农业、地方特色产品等,都能够形成独特的品牌特征,使其在市场上拥有一定的辨识度。

2. 文化差异化

地方农业品牌通常会与地方文化、风土人情和历史背景相结合,通过文化传播增加品牌的附加值,强化品牌的情感联系。

(二)品牌价值与声誉管理

品牌价值指的是消费者对品牌的认知度、忠诚度以及品牌带来的附加值。农业品牌化建设要求企业通过持续的产品质量和服务的优化,积累良好的品牌声誉。

1. 质量控制与品牌维护

确保农产品的高质量是品牌声誉的基础。品牌建立后,企业必须通过严格的质量控制和售后服务维护品牌形象。

2. 持续创新与品牌强化

品牌管理要求企业持续创新,不仅要确保产品的质量,还要在生产方式、营销手段、服务模式等方面不断进行创新,强化品牌的市场地位。

二、市场营销理论

市场营销理论强调的是通过有效的市场调研、产品定位、营销策略等手段,提升产品在消费者中的知名度和美誉度。农业品牌化的市场营销理论与传统商品营销有所不同,因为它不仅仅关注产品的销售,还包括了农业生态、环境保护和社会责任等方面的内容。

(一)市场定位与目标市场分析

农业品牌化的关键是准确的市场定位,确保品牌能够精准对接目标消费者的需求。市场定位要根据消费者的需求、品牌的独特性以及市场竞争情况来制定。

第九章 农业品牌建设与带头人市场能力提升

1. 消费者细分与定位

品牌建设过程中,需要对目标市场进行细分,识别出不同消费群体的特点。根据消费者的需求、文化背景、消费能力等因素,进行有针对性的品牌推广。例如,有机食品品牌通常面向关注健康和环保的中高端消费群体。

2. 品牌差异化定位

农业品牌需要通过特有的产品属性(如有机、绿色、地方特色等)进行差异化定位,满足消费者的多样化需求。

(二)4P营销理论(产品、价格、渠道、促销)

农业品牌的成功离不开营销的全方位布局,即产品的设计、价格策略、分销渠道和促销手段的组合。

1. 产品策略

确保品牌产品具有独特性和高附加值,例如通过地方特色、生态认证等方式增加产品的市场吸引力。

2. 价格策略

定价策略应考虑生产成本、市场需求和品牌定位。高品质的农业品牌可以通过溢价策略获得更高的收益。

3. 渠道策略

农业品牌的渠道建设不仅包括传统的市场渠道,还需要拓展电商平台、直销平台等新型销售渠道,借助互联网和数字化手段提高品牌的覆盖面。

4. 促销策略

品牌推广不仅依赖广告,还包括通过参与展会、举办品牌活动、社区营销等多种形式进行促销。

三、消费者行为理论

消费者行为理论探讨了消费者在购买决策过程中的心理、情感和理性因素。理解消费者行为能够帮助农业品牌制定更加精准

的市场推广策略,确保品牌能够吸引并维持忠诚的消费者群体。

(一)品牌认知与消费者忠诚度

品牌认知和消费者忠诚度是农业品牌建设的重要指标。农业品牌化建设的目标之一是让消费者对品牌有深刻的认知,并在购买决策时优先考虑该品牌。

1. 品牌认知

通过广告、公共关系、网络营销等手段提高品牌的知名度,使消费者对品牌有基本的了解。品牌认知不仅仅是视觉识别,还包括品牌背后的故事、文化和价值观。

2. 消费者忠诚度

农业品牌的成功不仅仅依赖一次性销售,更在于重复购买和口碑传播。因此,培养消费者的品牌忠诚度至关重要,企业可以通过优质的售后服务、会员制度、奖励机制等方式增强消费者的品牌黏性。

(二)情感营销与品牌关系

农业品牌往往承载着地方文化、历史传统和生态责任,因此情感营销成为农业品牌化建设的重要策略。通过品牌故事和情感共鸣,吸引消费者的情感认同,建立品牌与消费者之间的长期关系。

1. 地方文化与品牌故事

农业品牌往往与地方特色、传统手工艺和生态文化相结合,通过讲述品牌背后的故事,激发消费者的情感认同。

2. 社会责任与品牌形象

现代消费者越来越重视企业的社会责任,尤其是环保、公益和可持续发展方面的责任。农业品牌通过践行社会责任,能够建立起强大的社会信任感,增强品牌的情感附加值。

第九章 农业品牌建设与带头人市场能力提升

四、供应链管理理论

农业品牌化不仅涉及生产环节的管理,还涉及整个农业产业链的管理。供应链管理理论强调通过优化农业产业链中的各个环节,提高品牌的整体价值和效益。

(一)品牌供应链的协同与整合

农业品牌化要求生产、加工、流通、销售等环节的无缝衔接和高效协同。供应链管理可以帮助农业品牌提升产品的质量,降低成本,并提高市场响应速度。

1. 农业供应链优化

通过改进农业生产技术、加工工艺、物流管理等,提高供应链的效率和可追溯性,确保品牌产品的质量和安全。

2. 合作与共享

新型农业经营主体可以通过与农业合作社、产业联盟等合作伙伴的共享和协同,整合资源,降低成本,共同提升品牌的竞争力。

(二)可追溯体系与质量控制

为了确保品牌的信誉,农业品牌化的建设离不开供应链的质量控制。通过建立完整的可追溯体系,确保每一环节的质量可控,增强消费者对品牌的信任。

质量追溯系统。从生产到销售的全程追溯系统不仅能提高食品安全,还能够增强品牌的公信力,推动消费者对品牌的忠诚度。

第二节 农产品品牌价值提升的关键举措

农产品品牌价值的提升不仅有助于增强农产品的市场竞争力,也能够提高农业经营主体的利润空间,促进农业产业的可持

续发展。要提升农产品品牌的价值,需要通过一系列战略性、创新性的举措,涵盖产品质量提升、品牌建设、市场拓展、供应链管理等方面。

一、提升农产品质量与安全性

农产品的质量是品牌价值的基础,确保农产品的高质量、高安全性是品牌成功的核心。

(一) 严格的质量控制与标准化生产

1. 质量管理体系建设

建立严格的质量管理体系,确保农产品的各个生产环节符合国家标准和行业标准,甚至超越消费者的预期。采用ISO、HACCP等国际质量认证体系,确保产品在生产、加工、储存和运输过程中符合高标准。

2. 质量追溯体系

通过物联网、区块链等技术手段建立农产品的全程追溯系统,让消费者可以清晰了解产品的来源、生产和加工过程,增强消费者对品牌的信任。

(二) 绿色生产与无害化认证

1. 绿色和有机认证

通过绿色认证、有机认证等方式提升农产品的附加值,让消费者看到品牌对食品安全和环保的承诺。

2. 环保生产方式

采用有机农业、生态农业等环保型生产方式,减少化学肥料、农药的使用,减少对环境的负面影响,同时保证农产品的健康安全,提升品牌形象。

(三) 产品多样化与高附加值产品

1. 深加工与附加值提升

对农产品进行深加工,如将生鲜农产品转化为果汁、果脯、

第九章　农业品牌建设与带头人市场能力提升

干果、保健食品等高附加值产品,既能增加农产品的市场价值,也能延长产品的货架期。

2. 新品种、新技术的应用

通过研发新品种和应用现代农业技术提升农产品的质量和产量,增强产品的市场竞争力。

二、强化品牌建设与市场定位

品牌是农产品在市场中脱颖而出的重要手段,强化品牌建设能够有效提升品牌价值。

(一) 品牌定位与差异化竞争

1. 明确品牌定位

根据目标市场、消费者需求以及竞争态势,清晰地定义品牌的市场定位。例如,绿色、有机、高端、地方特色等差异化定位,有助于打造独特的品牌形象。

2. 差异化竞争

通过产品的差异化、生产工艺的独特性、品牌文化等手段,与同类产品形成竞争优势,帮助品牌在市场中脱颖而出。

(二) 品牌故事与文化传播

1. 品牌故事的塑造

通过讲述品牌背后的故事,如地方特产的历史、生产的传统工艺、品牌的社会责任等,建立品牌的情感价值,增强消费者的品牌认同感。

2. 文化传播

结合地方文化、自然环境等资源,创造有文化内涵的品牌,提升品牌的文化附加值。品牌文化能够打动消费者的情感,增强品牌的市场忠诚度。

(三)品牌传播与宣传策略

1. 全渠道营销与传播

通过线上(如社交媒体、电商平台、网络广告等)与线下(如传统零售、展会活动等)多渠道结合,广泛宣传品牌,提高品牌曝光率。

2. 精准营销

利用大数据、消费者分析等手段,了解目标消费者的需求和偏好,制定精准的品牌营销策略,提升品牌的认知度和美誉度。

三、优化供应链管理与成本控制

供应链管理不仅是提升农产品品牌价值的关键环节,还直接影响产品的质量、价格和市场竞争力。

(一)供应链的整合与优化

1. 供应链协同与信息共享

通过整合农业生产、加工、流通等各个环节,建立高效协同的供应链,确保产品的质量、价格和供应稳定。通过信息化手段(如 ERP、物联网等)提升供应链的透明度和响应速度。

2. 精益生产与成本控制

通过精益生产方式,减少资源浪费,降低生产和物流成本。采用现代化的生产设备和自动化管理,提升生产效率,确保产品的低成本、高质量。

(二)冷链物流与配送网络建设

1. 冷链物流系统

确保农产品在运输和储存过程中保持新鲜,减少损耗,提升产品的市场价值。冷链物流技术对于易腐农产品尤为重要,可以提高产品的质量稳定性,延长保质期。

2. 高效的配送网络

通过建立覆盖广泛的配送网络,确保产品能够快速、低成本

第九章　农业品牌建设与带头人市场能力提升

地到达消费者手中，提高品牌的市场响应速度和消费者满意度。

（三）绿色供应链管理

1. 绿色包装与物流

推广环保、可回收的包装材料和绿色物流方式，减少对环境的负面影响，提升品牌的社会责任感。

2. 供应链绿色认证

推动供应链上下游的绿色认证，确保整个供应链符合可持续发展的标准，提升品牌的绿色形象和市场口碑。

四、消费者关系管理与忠诚度提升

消费者是品牌建设的核心，农产品品牌的价值提升需要通过有效的消费者关系管理来增强消费者的忠诚度和复购率。

（一）客户体验与服务优化

1. 提升客户体验

通过优化产品质量、包装设计、购物体验等方面，提升消费者的整体满意度，增强消费者对品牌的好感和信任。

2. 完善售后服务

提供及时的售后服务和投诉处理机制，增强品牌的消费者信任，提升客户忠诚度。

（二）会员制与忠诚计划

1. 会员积分与奖励

通过设立会员制度，提供积分、折扣、专享服务等优惠，激励消费者长期购买，增加客户黏性。

2. 品牌社区与互动营销

通过社交平台、品牌社区等与消费者建立互动，增强品牌的情感联系，使消费者感受到品牌的亲和力和参与感。

（三）定期市场调研与反馈机制

1. 消费者反馈与市场调研

定期开展消费者满意度调查，收集消费者对产品、服务的反馈信息，为品牌调整营销策略、优化产品质量提供依据。

2. 个性化营销与产品定制

根据消费者的需求定制产品或服务，提供个性化选择，提高消费者的品牌忠诚度和满意度。

五、加强社会责任与可持续发展

现代消费者越来越重视企业的社会责任和可持续发展，农产品品牌价值的提升也需要注重环境保护、社会责任和可持续发展的因素。

（一）环保与可持续生产

1. 推广绿色生产方式

通过采用有机农业、生态农业等环保生产方式，减少农药和化学肥料的使用，保护土壤和水资源，提高农产品的可持续性。

2. 社会责任项目

积极参与环保、乡村振兴、公益等社会责任项目，增强品牌的社会形象，提升品牌的公众认知度和美誉度。

（二）消费者教育与生态文化推广

1. 生态农业教育

通过品牌宣传和教育活动，向消费者传递绿色、环保、可持续农业的理念，增强消费者对品牌的认同感和责任感。

2. 推广绿色消费理念

鼓励消费者选择绿色、有机、无污染的农产品，推动社会形成绿色消费的趋势，进一步提升品牌的市场地位。

第九章 农业品牌建设与带头人市场能力提升

第三节 带头人市场营销能力的培养

在现代农业和农村经济的转型过程中,带头人(如农民合作社负责人、家庭农场主、农业企业家等)起到了至关重要的作用。带头人的市场营销能力直接影响着农业经营主体的品牌建设、市场拓展和长期可持续发展。因此,培养带头人市场营销能力是推动农业农村现代化和农村经济振兴的关键举措之一。

一、强化市场洞察与需求分析能力

带头人需要具备较强的市场洞察力和敏锐的需求分析能力,能够识别市场机会、理解消费者需求变化,从而制定更具针对性的营销策略。

(一)市场调研与竞争分析

1. 定期进行市场调研

带头人需要定期了解市场动态、消费者趋势、行业竞争态势和政策环境。通过调研获得的市场数据可以帮助其作出更精准的决策,避免盲目营销。

2. 竞争分析

分析同行业竞争者的产品、价格、促销手段等,从中借鉴成功经验,避免重复错误,形成独特的竞争优势。

(二)了解消费者需求

1. 目标客户细分

带头人需要明确目标市场,进行市场细分,了解不同消费群体的需求特点。例如,有机产品适合注重健康的中高端消费者,而低收入群体则可能更注重产品的性价比。

2. 消费者心理与行为分析

通过了解消费者的购买动机、偏好、购买渠道等,带头人可

以设计更有吸引力的产品和促销方案,提升品牌的市场认知度。

二、提升品牌建设与市场定位能力

品牌是市场营销的核心,带头人需要具备较强的品牌建设能力,帮助农业经营主体树立市场竞争力。

(一)品牌定位与差异化

1. 品牌定位清晰

带头人需要明确品牌的市场定位,确定品牌的核心价值。例如,是主打绿色、有机、地方特色,还是高端、高品质,还是经济实惠等。不同的定位需要不同的市场营销策略。

2. 品牌差异化竞争

通过提供独特的价值主张(如差异化的产品、定制化的服务等),带头人能够有效避免同质化竞争,提升品牌的市场地位。

(二)打造品牌文化与故事

1. 品牌故事的塑造

带头人应通过品牌故事的方式,传递品牌背后的文化和价值观。农业品牌的文化传播可以增加品牌的情感附加值,增强消费者的品牌认同感和忠诚度。

2. 品牌文化的传播

通过各种渠道(如社交媒体、营销活动、社区互动等)传播品牌文化,树立品牌的社会形象,提升消费者的情感连接。

三、提高数字化与电商营销能力

随着互联网和数字化技术的不断发展,带头人需要掌握数字营销技能,充分利用互联网平台和工具来拓展市场、提升品牌影响力。

第九章 农业品牌建设与带头人市场能力提升

（一）数字营销工具的应用

1. 社交媒体营销

带头人需要学会通过微博、微信、抖音等社交平台与消费者互动,进行品牌推广。社交媒体为品牌提供了直接接触消费者的机会,通过内容创作、直播、短视频等形式提高品牌的曝光度。

2. 数据分析与精准营销

带头人应掌握基本的数据分析技能,通过大数据分析消费者行为,制定精准的营销策略。例如,了解消费者的购买习惯、浏览行为和产品评价,进而优化产品定价、促销活动和广告投放。

（二）电商平台的运营

电商平台的选择与管理：带头人可以通过电商平台（如淘宝、京东、拼多多等）开展在线销售,扩大市场覆盖面。熟悉电商平台的规则、运营策略和商品展示技巧,是提升市场营销能力的重要组成部分。

跨境电商与国际市场拓展：随着全球化趋势的加剧,带头人还应具备一定的跨境电商知识,借助电商平台将本地农产品推向国际市场,实现品牌的全球化。

四、增强沟通与谈判技巧

带头人不仅要具备对外的市场营销能力,还需要有出色的沟通与谈判技巧,能够有效地与供应商、经销商、合作伙伴、消费者等多个群体进行互动。

（一）与供应商的关系管理

1. 谈判与合作能力

带头人要能够与供应商和生产商进行有效谈判,争取合理的价格和优质的原材料,确保产品质量和成本可控。

2. 建立长期合作关系

通过建立互信、长期合作的关系,带头人能够确保供应链的

稳定性，减少市场波动对产品供应的影响。

（二）与客户的互动与服务

1. 客户沟通与服务

带头人要学会通过各种途径（如客户服务热线、社交平台、售后服务等）与客户进行积极互动，增强客户的忠诚度，提升品牌的口碑效应。

2. 解决客户需求与问题

带头人要善于倾听客户的需求和反馈，及时调整产品和服务策略，确保满足客户的期望，提高客户的满意度和复购率。

五、培养创新思维与灵活应变能力

市场环境、消费者需求和技术不断变化，带头人应具备创新思维和灵活应变能力，及时调整营销策略，以应对不断变化的市场挑战。

（一）创新产品与服务

1. 创新驱动营销

带头人应鼓励创新思维，持续优化产品和服务。可以通过引入新技术、新设计、新功能等，不断推出具有市场竞争力的新产品，吸引消费者的关注。

2. 差异化的客户服务

根据消费者需求的变化，提供定制化或个性化服务，提升客户体验，增强品牌的市场黏性。

（二）市场适应与应变能力

1. 灵活调整策略

在面对市场竞争加剧、消费者需求变化、政策变化等情况下，带头人需要具备迅速反应的能力，调整营销策略，确保品牌始终能够与市场需求对接。

第九章 农业品牌建设与带头人市场能力提升

2. 快速响应市场机会

带头人应能够识别市场的短期机会（如季节性销售、节假日促销等），及时调整营销策略，抓住机会，实现销售增长。

（三）*培养团队协作与领导能力*

带头人的市场营销能力不仅仅是个人的能力，还涉及团队的协作和领导力。通过有效的团队管理，带头人能够充分调动团队的积极性，提升整体营销能力。

第四节 提升新型农业经营主体市场竞争力的实践路径

随着农业农村现代化和全球化的推进，新型农业经营主体（如家庭农场、农民合作社、农业产业化龙头企业等）扮演着越来越重要的角色。在面对激烈的市场竞争、消费者需求变化和环境压力时，提升新型农业经营主体的市场竞争力是实现农业持续发展的关键。

一、提升产品质量与安全性

产品质量是农业经营主体市场竞争力的核心，只有保证产品的高质量和安全性，才能获得消费者的认可和市场份额。

（一）*实施标准化与质量管理体系*

1. 建立质量控制体系

新型农业经营主体需要建立完善的质量管理体系（如 ISO、HACCP 等国际认证体系），从源头控制产品质量。通过严格的质量管理，确保农产品在生产、加工、存储和运输等环节符合高标准，保障消费者的健康和安全。

2. 精细化生产管理

通过精细化管理和技术创新，提升农业生产的质量。采用现

代农业技术（如精准农业技术、智能化管理系统等）提高生产效率和质量控制水平，减少农产品质量波动。

（二）绿色与有机农业认证

1. 推广绿色和有机农业

通过采用有机农业、绿色农业等环保型生产方式，减少化学农药和化学肥料的使用，提升农产品的品质和市场附加值。获得绿色、有机等认证可以提升品牌形象并增加消费者对品牌的信任。

2. 可持续生产方式

采用可持续农业生产技术，保护土壤、水源和生态环境，打造长期稳定的生产体系，为品牌建设打下基础。

（三）提高产品多样化与深加工水平

1. 开发多元化产品

新型农业经营主体可以通过多样化产品线，满足不同消费者需求。例如，发展与原料相关的深加工产品（如果汁、干果、精油等），不仅能提升产品附加值，还能增加市场覆盖面。

2. 技术创新与产品升级

加强研发，推动新产品的推出，提升产品的科技含量，满足市场对高质量、高附加值农产品的需求。

二、加强品牌建设与市场定位

（一）清晰的品牌定位

1. 明确目标市场

通过市场调研明确品牌的目标消费者群体，根据消费者的需求特点进行精准的市场定位。例如，主打高端健康食品、生态环保产品、地方特色等不同定位。

2. 差异化竞争

通过差异化的产品特性（如有机、绿色、地方特色等）和优

第九章 农业品牌建设与带头人市场能力提升

质的服务,脱离价格竞争,通过品牌价值和独特性建立竞争优势。

(二)打造品牌故事与文化

1. 塑造品牌故事

品牌故事能够传递品牌的情感价值,增强消费者对品牌的认同感。新型农业经营主体可以通过讲述品牌背后的地方文化、生产工艺、生态责任等内容,增强品牌的情感吸引力。

2. 传递品牌价值观

通过强调可持续发展、绿色环保、社会责任等理念,树立品牌的社会价值和责任感,增强品牌的公信力和消费者忠诚度。

(三)多渠道市场推广与传播

1. 线上与线下结合

新型农业经营主体应加强线上渠道的建设,利用电商平台、社交媒体、直播等渠道进行品牌推广,增加品牌的曝光度和市场渗透率。同时,在线下通过零售、展示、体验等方式增强消费者对品牌的认知和体验。

2. 精准营销与个性化推广

利用大数据分析、消费者画像等手段,进行精准营销,向不同消费者群体推送个性化的产品和促销信息。

三、优化供应链管理与成本控制

(一)提高供应链效率与协同

1. 整合供应链资源

通过与供应商、物流公司、分销商等建立紧密的合作关系,优化供应链的各个环节,提高生产效率,减少中间环节,降低运营成本。

2. 信息化与智能化管理

采用物联网、大数据等技术进行供应链管理,提高各环节的

透明度和响应速度。利用 ERP 系统、RFID 技术等工具实现信息共享和快速反应，降低供应链风险和库存成本。

（二）精益生产与成本控制

1. 精益生产管理

通过优化生产流程、减少浪费、提升生产效率，降低单位生产成本。精益生产不仅能提高生产效率，还能减少资源的浪费，推动可持续发展。

2. 成本管控与利润优化

新型农业经营主体可以通过降低采购成本、提高产品附加值、优化定价策略等方式提升利润空间。

（三）冷链物流与分销网络建设

1. 冷链物流系统

农业产品特别是易腐品的质量控制离不开冷链物流系统的支持。建立高效、可靠的冷链系统，确保农产品在运输和储存过程中保持新鲜，减少损耗。

2. 完善分销网络

通过建设多层次的分销网络，确保产品能够覆盖更广泛的市场。加强与零售商、电商平台等合作伙伴的合作，扩展产品的销售渠道，提升市场渗透率。

四、提升创新能力与技术应用

创新是提升市场竞争力的核心动力，尤其是在农业农村现代化背景下，技术创新和产品创新将决定农业经营主体的未来发展方向。

（一）科技创新与研发投入

1. 农业技术创新

新型农业经营主体需要加大对农业技术的研发投入，推广智

第九章　农业品牌建设与带头人市场能力提升

能农业、精准农业、物联网、无人机等技术,提高生产效率和产品质量。

2. 产品创新与升级

通过创新推动农产品的升级换代,满足市场对高质量、健康、安全农产品的需求。

(二) 信息化与数字化转型

1. 数字化农业管理

通过信息技术手段,优化生产、销售、服务等环节。运用大数据分析,精确预测市场需求和价格波动,帮助企业做出科学决策。

2. 数字营销平台建设

发展电商平台和社交媒体,借助数字化工具提升品牌影响力和市场覆盖面。通过互联网的推广方式,更精准地触及消费者。

五、增强社会责任感与可持续发展

现代消费者越来越注重企业的社会责任和可持续发展,农业经营主体需要增强社会责任感,树立企业的社会形象。

(一) 推动可持续农业发展

1. 生态农业与绿色生产

新型农业经营主体可以通过实施生态农业、绿色农业等方式,减少化学肥料和农药的使用,保护土壤和水源,实现农业生产的可持续发展。

2. 循环农业与资源节约

推动农业废弃物的回收和利用,减少农业对环境的负担,提高资源的利用效率,发展绿色经济。

(二) 社会责任与公益参与

1. 乡村振兴与助农

通过支持农业农村发展,帮助农民增加收入,提高农村地区

的经济水平，提升品牌的社会认可度和美誉度。

2. 环境保护与公益活动

新型农业经营主体可以参与环保项目、公益活动等社会责任实践，增强企业的社会形象，提升品牌的社会价值。

参考文献

高博文,2023. 农业经济的发展与管理研究［M］. 长春：吉林出版集团股份有限公司.

顾凤霞,2023. 新型农业经营主体带头人培育的实践与探索［J］. 上海农村经济（9）：31-32.

郭效源,2021. 吉林省农安县新型农业经营主体发展影响因素与对策研究［D］. 长春：吉林大学.

李雄平,李永前,沈梅,2023. 云南省新型农业经营主体理论与实务［M］. 昆明：云南科技出版社.

刘璇,2024. 分享发展经验共创美好未来：3位带头人在新型农业经营主体创新与发展（2023）研讨班的主题交流［J］. 中国农民合作社（1）：44-45.

马金翠,徐莹春,马铭,2024. "五化"模式育新型农业经营主体带头人——"耕耘者"振兴计划河北省新型农业经营主体培训做法［J］. 农民科技培训（5）：42-44.

马小龙,2019. 乡村振兴视阈下新型农业经营主体创新发展路径研究［M］. 北京：中国言实出版社.

孙颖,王伟,2023. "十四五"时期的山东新型农业经营主体：形势、问题与对策［J］. 山东农业工程学院学报,40（7）：1-7.

王洁琼,2023. 乡村振兴研究文库农业创业人才 小农户与新型农业经营主体系统研究［M］. 北京：中国经济出版社.

王艳荣,2022. 新型农民职业技能提升系列新型农业经营主体培育实务［M］. 合肥：安徽科学技术出版社.

余江敏，曹莉，杨凤敏，2022. 新型城镇化对脱贫村新型农业经营主体培育的影响及对策：以广西靖西市禄峒镇四个脱贫村为例［J］. 农村经济与科技，33（1）：59-61.

余小艳，2023-03-09. 争当农民致富领路人［N］. 海南日报（A09）.